LA SOCIEDAD
ORGÁNICA

LA SOCIEDAD ORGÁNICA

CARLOS SOSA ARAQUE

Para pedidos de copias adicionales de este libro, por favor contacte con:
Palibrio
1663 Liberty Drive
Suite 200
Bloomington, IN 47403
Llamadas desde los EE.UU. 877.407.5847
Llamadas internacionales +1.812.671.9757
Fax: +1.812.355.1576
ventas@palibrio.com
370529

INDICE

"Hay un viejo misterio en el universo:
¿Por qué la vida?
¿Para qué la Creación?
Los intelectos se afanan, buscan
y no encuentran,
inventan teorías,
pero el antiguo misterio
sólo al amor se revela,
a la conciencia iluminada por el amor.
Privilegio de simples y sencillos,
como niños".

(Introducción del pergamino del viejo Krato,
habitante del planeta Kía *In* **Ami Regresa** de Enrique Barrios)

DEDICATORIA

Al Amor,
Esa fuerza maravillosa que nos lleva de la mano
por los caminos misteriosos de la vida

INTRODUCCIÓN

LAS INSTITUCIONES MODERNAS se caracterizan por estar diseñadas bajo el modelo organizacional mecanicista. La estructura burocrática, la jerarquía, el carácter instrumental del individuo, la separación de la organización en partes, el carácter funcionalista de la relación entre las partes y la adecuación de los medios a los fines, forman parte de un modo de pensamiento inspirado en la racionalidad cartesiana y se manifiesta en la organización burocrático-mecanicista.

Este tipo de estructura presenta una serie de características que se revelan inadecuadas para los tiempos que corren, tales como la falta de flexibilidad y de adaptación a ambientes mutables. Por otro lado, la estructura burocrático-mecanicista adolece de deficiencias para lidiar apropiadamente con las fuentes de motivación del hombre, motivo por el cual han surgido una serie de propuestas a lo largo de este siglo, inspiradas en teorías de corte humanista, buscando motivar al hombre en el ambiente de trabajo. Los resultados, sin embargo, han estado lejos de las expectativas creadas.

Paralelamente, la Sociedad Moderna se encuentra determinada por un sistema económico racional, basado en el comportamiento individualista del hombre, determinando y modelando las instituciones sociales, dando como resultado un alto grado de riqueza material y de progreso tecnológico, pero donde los términos relacionados a la igualdad y a la solidaridad no están incorporados adecuadamente a los sistemas económicos. Esto induce un crecimiento económico permanente a nivel mundial, sin tomar en cuenta su viabilidad a largo plazo, debido a factores tales como la marginalización de importantes sectores de la población, la distribución desigual de la riqueza, el agotamiento de los recursos, el flujo inestable de los capitales especulativos, la alineación del individuo y la contaminación del medio ambiente.

Tanto la estructura burocrático-mecanicista como el sistema de mercado surgen a partir del análisis racional de la realidad. La racionalidad, símbolo por excelencia de la Edad Moderna, ha reducido el análisis de la sociedad y del hombre al nivel de sistemas mecánicos. El paradigma racional permite ver la realidad como una gran máquina, dejando de lado una serie de factores relacionados a su naturaleza orgánica. Todos los sistemas son tratados como máquinas: los elementos que los conforman son separados, analizados y después sintetizados, sin establecer una diferencia entre el conjunto de elementos funcionando separadamente y el sistema en general.

A pesar de estar realidad, las organizaciones, los sistemas sociales y la sociedad en general pueden ser vistos desde un punto de vista diferente. Estos pueden ser analizados como una gran tela de relaciones yuxtapuestas, con propriedades adicionales a la suma de sus partes, en donde la metáfora conceptual no sea la máquina, sino la estructura orgánica, inspirada en los sistemas orgánicos naturales. Como estructura orgánica se entiende aquel tipo de estructura organizacional y social basado en el modelo suministrado por los sistemas orgánicos. En este tipo de estructura la consciencia del hombre desempeñará un rol preponderante, ya que el éxito de su integración dependerá del comportamiento armonioso de las personas que forman parte de ella, y de la búsqueda permanente del equilbrio entre el bienestar propio y el bienestar de las demás personas.

Adicionalmente, consideramos necesario explorar otras dimensiones de la realidad humana diferentes de la racionalidad, para llevar a cabo nuestro verdadero objetivo: la implementación de un tipo de organización que use la metáfora orgánica como fuente de inspiración. Para ello, debemos recurrir a una serie de factores propios de la naturaleza humana, que de una u otra forma se manifiestan en la realidad organizacional, tales como la consciencia, la solidaridad y el Amor.

No deja de ser paradójico que debamos recurrir a argumentos racionales, mediante el uso de la palabra escrita en este ensayo, para introducir elementos diferentes a la racionalidad para incluir factores adicionales que influencian el comportamiento del hombre. El Amor, la consciencia, la solidaridad y otros argumentos no racionales, sólo los poderemos transmitir en términos racionales gracias al uso de la palabra escrita, basadas en lo que ellos pueden proyectar en el plano racional, aún cuando reconozcamos que nunca podremos explicar de forma pertinente esas facetas de la experiencia humana mediante términos racionales. Utilizando una metáfora gráfica, así como el cubo sólo puede ser explicado en términos bidimensionales como un cuadrado, de la misma manera sólo podremos explicar en un texto algunos aspectos no racionales de la vida en términos racionales, mediante su proyección en el plano racional a través del uso del lenguaje, con las limitaciones que ello implica. Sin embargo, dada la necesidad de transmitir tales argumentos, aceptamos el uso del lenguaje para tratar de explicar que existe otro tipo de lenguaje que nos permitiría comprender mejor la dimensión humana. En algunos tramos, el presente ensayo será severo con el raciocinio del lector, pues las dimensiones no racionales son más simples y severas con la racionalidad que muchos argumentos racionales, cada detalle requiriéndose ser abordado detalladamente para explicar su verdadera esencia. Por lo tanto, trataremos de abordar ideas y conceptos de forma clara y precisa, que podrían ser transmitidos de forma más simple y profunda usando otro tipo de comunicación.

Una de los grandes propósitos del presente trabajo será mostrar la necesidad de superar el escalón racional del análisis de la realidad y de las relaciones organizacionales y sociales, para subir al escalón de la consciencia, en donde el ser humano se reconozca como una parte indivisible integrada a un todo unificado por esencia.

La búsqueda de establecer un abordaje diferente comienza por el cuestionamiento de los paradigmas que determinan y moldean las instituciones y organizaciones modernas. Un cuestionamiento adecuado de los paradigmas vigentes permite considerar la posibilidad de que las instituciones y organizaciones evolucionen a etapas más avanzadas, ofreciendo la posibilidad de incluir en el campo de las dimensiones organizacionales, términos relacionados con la cooperación de las personas, la superación de los conflictos, la consciencia, la solidaridad y la armonía.

La posibilidad de ofrecer una alternativa mejorada a la forma como las organizaciones modernas y la misma sociedad están organizadas, justifica la búsqueda de nuevos paradigmas que puedan ser implementados. Consideramos necesario creer que sí es posible ver la realidad de una forma diferente, y de organizar las instituciones y las organizaciones de otra manera. Tenemos la convicción que la evolución forma parte intrínseca de la naturaleza del ser humano y de las instituciones que ha creado, apelando a la esperanza de que el mundo en donde vivimos pueda mejorar. En ese argumento, el presente ensayo encuentra su asidero más importante: considerar que es posible dar rienda suelta a la imaginación y proponer una realidad organizacional y social más justa, más cooperativa, más consciente y más armónica, mediante el establecimiento de una Sociedad Orgánica.

Este ensayo consta de 5 partes claramente diferenciadas, cada una con un objetivo establecido, en donde cada parte encuentra parte de su justificación al integrarse con las otras partes: El Papel de la Consciencia en el Comportamiento del Hombre, los Sistemas Orgánicos, la Sociedad Orgánica, el Estado Orgánico y Procesos de Cambio.

CAPÍTULO I

Consciencia Y Realidad Armoniosa

PARA LA IMPLEMENTACIÓN de una estrutura orgánica a nivel organizacional y social, consideramos importante el análisis y la síntesis de los fenómenos psicológicos que forman parte del proceso de integración del hombre al medio ambiente social, y los motivos de su comportamiento en el desarrollo de ese proceso. "Para entender la dinámica del proceso social tenemos que entender la dinámica de los procesos psicológicos que operan dentro del individuo, del mismo modo que, para entender al individuo, debemos observarlo en el marco de la cultura que lo rodea" (Fromm. 1952: 22). Por lo tanto, constituye de suma importancia estudiar algunos de los factores que inciden en el comportamiento de las personas, sobretodo aquellos relacionados con la motivación.

1.- LOS FACTORES QUE EJERCEN INFLUENCIA SOBRE EL COMPORTAMIENTO

Motivación del Comportamiento

¿Qué motiva a una persona a actuar de una determinada manera?, ¿Cuáles son las bases del comportamiento de un individuo?. Para tratar el tema del comportamiento de una persona es necesario abordar el concepto de la motivación. Murray (1967) establece que un motivo es un factor interno que da inicio, dirige e integra el comportamiento de una persona. La motivación se diferencia de otros factores que también influyen sobre el comportamiento, tales como la experiencia de una persona, sus capacidades físicas y el ambiente donde se encuentra, aunque tales factores también pueden influenciar la motivación. Murray divide el motivo en dos componentes: el impulso interno que lleva a una persona a actuar, y la recompensa, que termina con el motivo una vez alcanzado su objetivo. Más adelante agrega el factor relacionado a la consciencia, pues establece que la motivación incluye el deseo consciente de obtener algo. La relación entre la motivación y el comportamiento es a veces compleja. Sólo después de que conozcamos y aprendamos algo más sobre esos complejos efectos de la motivación, estaremos aptos para para comprender el comportamiento humano (Murray. 1967).

Los Factores que influyen sobre el comportamiento

a) Las Necesidades Básicas

Para Maslow (1963), las necesidades tienen influencia decisiva en la motivación del comportamiento de las personas. "Las necesidades que corrientemente se toman como punto de partida para la teoría de la motivación, son los llamados impulsos fisiológicos" (Maslow. 1963: 85). Existe una serie de necesidades que son prioritarias en el comportamiento del hombre (el hambre, la sed, etc). "Pero, ¿qué ocurre con los deseos de un hombre, cuando hay suficiente pan y cuando su estómago está habitualmente lleno?. Entonces, aparecen otras necesidades de nivel superior y éstas dominan el organismo más que las tendencias fisiológicas. Y cuando estas son satisfechas a su vez, aparecen nuevas (aún más superiores), y así sucesivamente. "Las necesidades humanas básicas están organizadas en una jerarquía del predominio relativo" (Maslow. 1963: 88). Así, Maslow establece la siguiente jerarquía sobre las necesidades que influyen en el comportamiento del hombre, en orden creciente: necesidades fisiológicas, necesidades de seguridad, necesidades de afecto, necesidades de autoestima y necesidades de autorealización.

La jerarquía establecida no significa que una necesidad superior no vaya a aparecer hasta que la inferior sea satisfecha en un 100%, sino que puede aparecer si está en gran parte cubierta. "Por ejemplo, es como si el ciudadano medio estuviese satisfecho en un 85% de sus necesidades fisiológicas, 70% de sus necesidades de seguridad, 50% de sus necesidades de amor, 40% de sus necesidades de auto-aprecio, y 10% de sus necesidades de autorealización (...) Respecto a la aparición de una nueva necesidad después de la satisfacción de una necesidad predominante, podemos señalar que no surge de repente, sino que es una aparición progresiva, en pequeños grados, a partir de la nada" (Maslow. 1963: 105).

Las necesidades básicas ocupan un papel fundamental en el comportamiento de las personas, pero no determinan todos los tipos de comportamiento. Cualquier comportamiento puede representar un canal que permite el flujo de varios impulsos. La mayor parte del comportamiento es "multimotivado", en donde todas las necesidades básicas pueden ejercer su influencia, más que sólo alguna de ellas en específico. El comportamiento no está exclusivamente motivado por las necesidades básicas. Más aún, no todo el comportamiento está motivado. Existen muchos factores diferentes de los motivos, como el campo externo. El comportamiento puede estar determinado completamente por el campo externo, e incluso por estímulos externos, específicos y aislados.

b) La Necesidad de Relacionarse

Fromm (1952) establece que las necesidades fisiológicas no constituyen la única parte de la naturaleza humana con carácter inevitable. Existe otra parte que es igualmente compulsiva no arraigada en los procesos corporales, que son parte de la esencia misma de la vida humana, en su forma y en su práctica, como "la necesidad de relacionarse con el mundo exterior, la necesidad de evitar el aislamiento. Sentirse completamente aislado y solitario conduce a la desintegración mental, del mismo modo que la inanición conduce a la muerte" (Fromm. 1952: 37).

Fromm señala que esa conexión con los demás no tiene que ver solamente con el contacto físico, sino con una relación basada en ideas, valores o, por lo menos, en normas sociales que le dan a la persona el sentimiento de pertenecer a algo. La falta de conexión con valores, símbolos o normas, que se puede llamar soledad moral, es tan intolerable como la soledad física. Dicho de otra manera, la soledad física sólo se vuelve intolerable cuando va acompañada de soledad moral. Así, la conexión moral con el mundo puede asumir la forma del monje solitario que cree en Dios, o el prisionero político aislado del resto de las personas, pero que se siente unido a sus compañeros de lucha. Esa necesidad induce al ser humano a establecer formas de conexión con el mundo exterior, canalizando la necesidad de pertenecer a algo.

Más adelante en el presente ensayo, se podrá entender que la mayor conexión que existe, la conexión suprema, es la consciencia de estar unido al resto del Universo a través del Amor. Saberse parte de un sistema cósmico cuya esencia es el Amor puede permitir a cualquier ser humano soportar las mayores pruebas existentes y seguir aferrado a su camino, con la convicción de que ello lo llevará al encuentro verdadero, al encuentro de sí mismo, al encuentro de la verdadera esencia del ser humano y al encuentro con el resto de la existencia. La sensación de conexión a través del Amor no permite a nadie sufrir la soledad, pues aún estando solo físicamente, sabe que el resto del Universo está en comunión con él y conspira para que siga adelante. Este tipo de conexión trasciende la experiencia física y moral, y se transforma en una experiencia integral, trayendo al plano material la consciencia del plano espiritual.

c) La Razón

El factor racional tiene gran influencia sobre el comportamiento de las personas, sobretodo en las sociedades occidentales. La racionalidad tiene una fuerte presencia en la motivación del comportamiento del hombre moderno, en donde gran parte de su realidad está inspirada y determinada por la razón.

La razón permite analizar las diferentes alternativas que una persona pueda tener frente a un problema, y a través de la evaluación de las ventajas y desventajas evaluadas a priori, esta persona toma una determinada decisión. En ese proceso existen una serie de factores relacionados a su experiencia, y a la "inversión" que deberá ser realizada (de esfuerzo, de recursos, de tiempo, de carga emocional, etc).

En general, la razón sirve como herramienta para alcanzar un objetivo basado en una necesidad. Por ejemplo: 1) Un problema de matemática o un experimento científico requieren del uso casi exclusivo de la razón para ser resuelto, y las necesidades a ser cubiertas están relacionadas con la autoestima y la realización personal. 2) Una guerra requiere de planificación y estrategia, además de los elementos políticos involucrados, factores que pueden ser abordados de forma racional. En este último caso, las necesidades serán de diferente naturaleza que las del primer ejemplo, como la supervivencia, la seguridad, la autoestima o la autorrealización.

Pero la razón no determina por sí sola el comportamiento del hombre, ni es el único factor que el hombre utiliza para tomar una decisión, pues existen una serie de elementos presentes relacionados tanto con la naturaleza del hombre (sentimientos, miedos y/o deseos) como a su experiencia pasada, además de factores tales como personalidad, motivación al logro, sensatez y visión global. Es conocido el caso de personas expertas en una determinada área que, ante una situación inédita, requieren de un tiempo de adaptación para tomar la decisión correcta, o incluso de un proceso de ensayo y error, pudiendo inicialmente cometer "errores de principiantes".

d) El Corazón

Partiendo de la base que el comportamiento del hombre no es exclusivamente racional, es menester discernir qué tipo de factores adicionales tiene influencia sobre su motivación, siempre buscando en entender los orígenes de su comportamiento, para, en última instancia, diseñar una estructura organizacional que atienda las necesidades de las personas y tome en cuenta los diferentes factores de comportamiento de sus integrantes. En ese sentido, los factores emocionales juegan un papel fundamental en la determinación del comportamiento del hombre. Esos factores emocionales los llamaremos *Corazón*, aquella voz interna que representa tanto el aspecto emocional como la sabiduría interna, que lleva al ser humano a tratar de integrarse al mundo que lo rodea de manera armoniosa.

En ese sentido, nos ayuda a entender el Corazón el ejemplo mostrado por Gandhi cuando dio sus primeros pasos en Africa del Sur, durante el inicio de lo que se conoció posteriormente como "Satyagraha", íntimamente relacionado con el "arma" de la no violencia y la fuerza del espíritu, interpretado en el mundo occidental como "Resistencia Pacífica", a la cual Gandhi se refirió como una interpretación incompleta de una filosofía basada en la *Verdad*[1] (Gandhi. 1958).

Gandhi fue a trabajar a Africa del Sur a principios del siglo XX, con el propósito de ejercer su profesión de abogado, pero las circunstancias hicieron con que pasara a liderar el movimiento por la defensa de los derechos de la comunidad hindú, ante un régimen que los oprimía y se aprovechaba de sus necesidades. Así, se transformó en portavoz y representante de la comunidad para exigir el respeto de los derechos civiles, actuando como mediador ante el gobierno surafricano. Durante ese proceso surgieron momentos de violencia y de ánimos exaltados, que en muchas ocasiones hicieran con que los esfuerzos que estaban siendo realizados perdieran el rumbo constructivo. Mahatma tuvo que hacer un llamado al Corazón para calmar los ánimos y poder seguir en la dirección adecuada. En ese sentido, afirma:

"Hasta 1906, yo me basaba simplemente en el llamado a la razón
(...) Pero concluí que la razón no consiguió producir efecto cuando

---

[1]   Para Gandhi, la definición de Verdad constituía una cuestión difícil de resolver, pero la resolvió estableciendo que era la *voz interna* que cada uno tiene. La Verdad se encuentra en cada Corazón humano y cada persona debe buscarla ahí y permitir ser guiado como cada uno la ve. Pero al mismo tiempo establece que nadie tiene el derecho de forzar a nadie a hacer algo según su visión de la Verdad. Fromm (1952) también establece la existencia de una voz interna natural relacionada a los valores de la justicia y la verdad. "Tenemos razones para suponer que (...) la tendencia hacia la justicia y la verdad constituye un impulso inherente a la naturaleza humana" (Fromm. 1952: 240)

el momento crítico llegó en Africa del Sur (...) si Ud. desea hacer algo realmente importante, Ud. debe satisfacer no sólo la razón, sino también el Corazón"[2] (Gandhi. 1958).

Así, vemos como la formación inicial racional de Gandhi dio paso a una forma de ser en donde reconocía la necesidad de dirigirse también al Corazón de las personas, para ganar su confianza y no perder el rumbo adecuado de los acontecimientos. Este cambio de actitud consiguió dar frutos, pues el proceso llevó a que las reivindicaciones fueran atendidas sin necesidad de llegar a un nivel de violencia generalizada.

La Satyagraha fue posteriormente aplicada con éxito en La India, durante el proceso que llevó a la emancipación del pueblo hindú ante la dominación del imperio colonialista británico. Una vez más, el llamado al Corazón a las partes en conflicto fue un medio necesario, válido y eficiente para alcanzar tal objetivo. Entre algunas de las acciones efectuadas, resaltan los largos ayunos realizados por Mahatma Gandhi para que la razón y la emoción encontraran un equilibrio necesario para erradicar los conflictos armados y buscar medios pacíficos para superar las divergencias.

Aceptar el Corazón como factor determinante en el comportamiento humano permite tener una perspectiva diferente de la realidad, en donde la mutua comprensión, la aceptación de las aspiraciones justas de las otras personas y el deseo de vivir en armonía, permiten establecer un diálogo en donde las necesidades de todas las personas tienden a ser satisfechas. El Corazón permite transformar deseos y sueños en proyectos y obras por la vía de la esperanza y la convivencia armoniosa, entes que difícilmente puedan ser representados en términos racionales.

e) La Consciencia

Históricamente, el concepto de consciencia ha tenido dos tipos de abordaje (Gomes Penna. 1985): a) la que la considera como una expresión del sistema nervioso altamente desarrollada y le concede el status de fenómeno biológico; b) la que en ella percibe la expresión de la condición social del hombre y,

---

[2]   *"Up to 1906, I simply relied on appeal to reason (...) But I found that reason failed to produce an impression when the critical moment arrived in South Africa (...) if you want something really important to be done you must not morely satisfy the reason, you must move the heart also"* (Gandhi, 1958: 90)

en especial, de la necesidad del hombre comunicarse con las personas (perspectiva sociológica).

La perspectiva sociológica permite establecer diferentes niveles de consciencia con respecto al relacionamiento del hombre con la sociedad. El ser humano se relaciona con su entorno de acuerdo a su nivel de consciencia. Existen personas egoístas, otras responsables y otras altruístas, términos relativos y, hasta cierto punto, subjetivos. Así como existen personas que solamente buscan obtener algo del sistema, existen otras que, además de buscar obtener algo del sistema, tratan de ofrecer algo a cambio, de rendir un servicio al ambiente social que lo rodea. ¿Qué diferencia estos dos tipos de personas?.

La respuesta está orientada en función del nivel de consciencia de cada persona. De acuerdo a su nivel de consciencia, un determinado individuo podrá discernir lo que es mejor para él, lo que es mejor para el equipo en el que trabaja, lo que es mejor para la organización, lo que es mejor para la sociedad o incluso, lo que es mejor para el planeta. Mientras mayor el nivel de consciencia de una persona, mayor será su compromiso con sus entornos social y ambiental, y mayor será su capacidad de percibir la importancia del bienestar de las otras personas en su propio bienestar. La consciencia permite reconocer la importancia de las otras personas en la vida de toda persona. Mientras mayor sea el nivel de consciencia de una persona, mayores serán las posibilidades de encontrar un equilibrio entre su bienestar y el bienestar de las demás personas.

Aunque el nivel de consciencia de una persona no es directamente medible, este puede ser evaluado de acuerdo a sus obras, pues éstas hablan en nombre de las personas, son su representación, su tarjeta de presentación, la manifestación de lo que llevan dentro de sí. El corazón de una persona puede ser conocido por el Amor que pone en las obras que realiza, pero jamás podremos observar el Amor que transformó aquella obra en realidad. De la misma forma, la consciencia no puede ser medida de forma clara y concreta, sino entendida de acuerdo a las acciones de las personas.

Un aumento en el nivel de consciencia de una persona permite vislumbrar la necesidad de comprometerse con el bienestar de otras personas. Como señala Fromm (1952), la necesidad de relacionamiento de las personas es fundamental para la salud mental y emocional. Todo individuo nace, crece y se desarrolla rodeado de personas, ya sea en el campo o en la ciudad, y por lo tanto, se puede inferir que el resto de las personas forman parte de su vida. Difícilmente una persona escogerá eliminar el contacto con el mundo social, sin ningún tipo de relacionamiento con los demás. Ni siquiera el ermitaño puede afirmar que su contacto con otras personas es nulo, pues ya el sólo recuerdo de las personas que formaron parte de su contacto físico entran en su mundo cotidiano.

En base a esto, se puede afirmar que las personas forman parte de la vida de toda persona, aunque ella no lo perciba. Por lo tanto, *las personas forman parte del mundo de toda persona, aunque no esté consciente de ello.* Eso nos lleva a afirmar que no se puede considerar la existencia de una persona aislada del resto de las personas. Su vida, sus actividades sociales, su trabajo y sus actividades cotidianas están directamente relacionados con la vida de otras personas.

Como consecuencia podemos afirmar que el resto del mundo social forma parte integral de toda persona. Una parte importante del individuo está compuesto por los otros individuos, *las demás personas forman parte de todo individuo.* El comportamiento de una persona y sus actividades en la vida diaria están determinados por su relacionamiento con los demás, por las convenciones sociales, por su código de ética, por las relaciones familiares o, incluso, por un comportamiento rebelde en contra de las normas sociales.

El resto de las personas no existen bajo la forma de un ente externo ajeno al individuo, sino de forma integrada, intrínsecamente relacionados a todo individuo. Esta consideración permite superar la perspectiva de la fragmentación de las relaciones sociales, en donde los individuos son considerados como seres aislados del resto de los individuos, y sustituirla por una visión integrada, en donde todos los individuos forman parte de una única realidad, no sólo desde el punto de vista de un observador externo, sino también desde un punto de vista interno, en donde cada persona considera a los demás como parte de sí mismo.

Esta perspectiva permite determinar el bienestar de una persona en base tanto a su propio bienestar como al bienestar de los que le rodean. Difícilmente una persona considerará su situación de pleno bienestar, aunque sus necesidades estén cubiertas, si las personas que le rodean padecen esas necesidades. Si una persona está bien alimentada, el sólo hecho de constatar a su alrededor una situación de hambruna entre sus congéneres, inducirá en ella un sentimiento de malestar.

Para apoyar estas consideraciones, queremos tomar el caso de lo que sucede cuando una persona mata a otra persona. Cuando una persona mata, algo muere dentro sí. Eso que muere puede ser el respeto por la vida, la integración al mundo social, la disposición de ayudar a otras personas o la compasión por sus semejantes. Cuando alguien mata a otras personas, mata algo dentro de sí, que puede impedir su posterior integración al mundo social del cual formaba parte hasta ese momento. Cuando una persona mata a otra persona, deja de ser la persona que era, transformándose en una persona diferente. Por lo tanto, *cuando una persona mata, ella también muere.*

Estableciendo la misma perspectiva desde un ángulo positivo, podemos considerar lo que sucede cuando una persona ayuda otra persona. En este caso, la persona que ayuda está ayudando tanto a la otra persona como a sí misma. La sensación de ayudar permite el surgimiento de un sentimiento de satisfacción en ella, dándole un sentido a su vida, y la sensación de tener una relación diferente y mejorada con las otras personas. Al ayudar a otra persona, el individuo supera su individualidad y su separatidad, y se integra a la humanidad, permitiéndose compartir su mundo con la otra persona, y constatar que los mundos separados de dos personas pueden integrarse de una manera armoniosa en un determinado momento. Por lo tanto, *cuando una persona ayuda a otra persona, también se ayuda a sí misma.*

Una situación interna diferente surge cuando una persona recibe algo a cambio por un servicio entregado a otra persona. No sabemos exactamente por qué, pero la sensación de la persona que ayudó es completamente diferente. Ella no alcanza el mismo grado de satisfacción que si no recibiera nada a cambio. Ella dio para recibir, pues el objetivo final era ayudarse a sí misma. Bajo esa perspectiva, podemos considerar armoniosa aquella actitud que busca ayudar a los otros de forma desinteresada, siempre y cuando se esté igualmente dispuesto a recibir ayuda. Este tipo de comportamiento permite surgir un sentimiento de integración con el entorno social.

Vale resaltar que la ayuda a sí mismo también es importante. La armonía también consiste en considerarse a sí mismo como parte de los demás. Así, es igualmente importante aquella ayuda que va dirigida al propio bienestar. Una actitud armoniosa permite colocar el propio bienestar y el bienestar de los demás en el mismo nivel, en una dinámica en donde el objetivo fundamental a alcanzar es el bienestar general. Por lo tanto, *el equilibrio entre el bienestar de una persona y el bienestar de los demás forman parte fundamental de un comportamiento armonioso, integrado y equilibrado.*

Así, aceptar que los demás forman parte del mundo de toda persona, permite aceptar que una persona recibirá lo mismo que ella entrega a demás. Esto permite entender que formamos parte de un todo unificado, y podrá permitir el surgimiento de un tipo de organización social que lidie más con premisas armoniosas que con premisas conflictivas.

Tomando un ejemplo orgánico, podemos considerar el equilibrio que rige el funcionamiento interno de una planta: cada célula ejerce su función en donde su crecimiento y el crecimiento de otras células son igualmente importantes, en medio de una dinámica en donde la existencia de la planta es prioritaria. Así, cada célula no tratará de obtener del medio ambiente orgánico más de lo que necesita para ejercer su función, todas las células funcionando para mantener el equilibrio del sistema en general, y la planta buscará obtener no más de lo que necesita para asegurar su supervivencia, en una dinámica en donde el equilibrio entre todas las partes permite mantener el funcionamiento armonioso del sistema.

De la misma manera, podemos considerar una estructura social u organizacional que esté regida por una dinámica equilibrada y armoniosa entre las diferentes personas del sistema. Cada persona es importante. El equilibrio interno de cada persona, que permite considerar el bienestar de los demás igual de importante que el propio bienestar, inducirá el establecimiento de un tipo de sistema en donde el bienestar de cada persona será tan importante como el equilibrio general del sistema social en donde se desenvuelve.

La consciencia de considerar a los demás como parte de uno mismo y el bienestar de las personas tan importante como el propio, permitirá superar la ilusión de separación que existe en las relaciones personales, sociales y organizacionales. Es una cuestión de consciencia. El hombre forma parte de sí mismo, de su entorno y del resto del universo. Este no constituye un ente apartado de la estructura o sistema social en donde se encuentra, sino que forma parte intrínseca de la estructura natural y social en la que se encuentra.

Mediante la aceptación de esta realidad, el ser humano podrá aceptar que forma parte integral del sistema social, conformando un todo indivisible. En ese sentido, el análisis separado de las partes y del todo se revela incompleto. Sólo una relación integrada del hombre con su entorno puede permitir un comportamiento armonioso y cooperativo de las personas.

f) Otros factores

Sale del alcance de nuestro objetivo profundizar en el análisis y síntesis de la influencia de factores adicionales a los ya señalados, pero consideramos necesario mencionar la existencia de otros factores que consideramos fundamentales en el comportamiento del hombre: la intuición, el inconsciente y el campo externo.

La **intuición** representa un canal de percepción de la realidad que no se revela a los 5 sentidos naturales, ni es deducible por la racionalidad. La intuición permite percibir acontecimientos y situaciones fuera del plano consciente. En general, la consciencia no forma parte de este proceso de percepción, pues cuando una persona sigue su intuición, es capaz de modificar su comportamiento de una manera cuyas motivaciones no son evidentes. Pero existe, y la tendencia es de incluirla cada vez más en los factores que modifican el comportamiento humano.

La persona que sigue su intuición, tiende a actuar de forma no explicable ni deducible por otra persona. Más aún, la persona que actúa de acuerdo a su intuición no sabe explicar el por qué de su comportamiento, aunque sepa que está haciendo lo correcto. El hombre moderno ha dejado de lado la intuición como factor a seguir en su comportamiento, pues lo racional y las percepciones sensoriales son predominantes en esta época. Pero la intuición es real, aún cuando no pueda ser demostrada ni explicada.

En el mundo moderno, todo suceso tiende a ser explicado como una relación de causas y efectos plausibles que indujeron un resultado determinado. Pero si una persona pretende predefinir un resultado futuro en base a causas y efectos, difícilmente llegará a una conclusión correcta, pues la realidad tiende a ser difícilmente predecible. Uno de los grandes desafíos del hombre es tratar de conciliar la percepción de la realidad estableciendo un equilibrio entre los sentidos, la razón y la intuición.

En ocasiones, una persona observa un comportamiento y toma una decisión sin motivo aparente, obedeciendo a una suerte de presentimiento sobre lo que debe hacer frente a una situación determinada. Esto corresponde a un comportamiento intuitivo, un reflejo no necesariamente consciente que permite tomar la decisión adecuada en una situación determinada. La intuición puede ser considerada como un sexto sentido, adicional a los 5 sentidos tradicionales.

El **inconsciente** constituye un factor importante a la hora de determinar el comportamiento humano. El inconsciente está conformado por aquellas partes que fueron reprimidas por la educación (escuela freudiana), y por el denominado inconsciente colectivo (Jung. 1955). "El inconsciente no sólo contiene elementos personales, sino también impersonales, colectivos, en forma de categorías heredadas o arquetipos. Por esto he establecido la hipótesis de que el inconsciente, digamos en sus estratos más profundos, posee contenidos colectivos, relativamente animados, y por lo mismo he propuesto el término inconsciente colectivo" (Jung. 1955: 69). El inconsciente actúa directamente sobre el comportamiento humano, sin estar representado por cualquiera de los factores señalados hasta ahora, e incluye todo el material psíquico que no ha traspasado el umbral de la consciencia.

Maslow menciona el **campo externo** como de influencia decisiva en el comportamiento humano. El campo externo actúa tanto sobre la consciencia como sobre el inconsciente. Tiene la forma de costumbres, influencia cultural, convenciones, moral, comportamientos imitados, moda, etc, que tienen influencia determinante en el comportamiento de una persona.

Relación entre los diferentes factores

A continuación mostraremos la relación entre los diferentes factores señalados, y señalamos cómo la modificación del comportamiento del hombre basada en principios éticos pasa por el llamado a la consciencia.

Las necesidades tienen gran influencia sobre el comportamiento, pero previamente han sido percibidos a nivel consciente por el individuo. La percepción de la necesidad forma parte de un proceso en donde la consciencia permite asimilar la situación y tomar una decisión. Por ejemplo: 1) Un hombre tiene hambre, quiere comer, evalúa las posibilidades de saciar su apetito y toma aquellas decisión que considere más conveniente. Así, antes de determinar su comportamiento, pasa por un proceso de evaluación de opciones para saciarla. 2) Una persona enfrenta la amenaza de un animal agresivo, quiere volver a su situación de seguridad original y evalúa las posibilidades, si disparar o huir, luego toma la decisión más conveniente. Antes de asumir un comportamiento, estuvo consciente del peligro y evaluó las diferentes opciones en cuestión de instantes. En ambos ejemplos vemos como la determinación del comportamiento viene precedida por una motivación proveniente de concientizar la situación. En general, para satisfacer una necesidad se genera un proceso en donde la consciencia permite al individuo evaluar la situación, examinar las alternativas y tomar una decisión.

Tanto la **razón** como el **corazón** pasan por la consciencia antes de ejercer su influencia sobre el comportamiento. La persona tiende a evaluar las diferentes alternativas basadas en consideraciones emocionales y racionales, tratando de encontrar un equilibrio entre lo que siente y lo que piensa. Esto no garantiza que el equilibrio siempre será alcanzado, pues en general se le da peso a uno o a otro. Somos de la creencia que cuanto mayor sea el nivel de consciencia de una persona, mayor será el peso que le dará al corazón. En la medida en que se dé un aumento en el nivel de la consciencia, la preponderancia se desplazará de la razón al corazón.

La **intuición** actúa directamente sobre el comportamiento de una persona sin pasar necesariamente por la consciencia. El **inconsciente** por definición no pasa por la consciencia. Y el **campo externo** tiene influencia sobre varios factores, pudiendo actuar sobra la razón, el corazón, la consciencia y el comportamiento.

Resumiendo, podemos establecer que las necesidades son una gran motivación en el comportamiento del hombre. La consciencia incide directamente sobre el comportamiento, encontrándose fuertemente influenciada por el corazón y la razón. Los tres factores están inter-relacionados, y determinan en gran medida el comportamiento, pero también este se encuentra influenciado por la intuición, el inconsciente y el campo externo.

Los factores más importantes podemos representarlos en forma esquemática de la siguiente forma (Fig. 1.1):

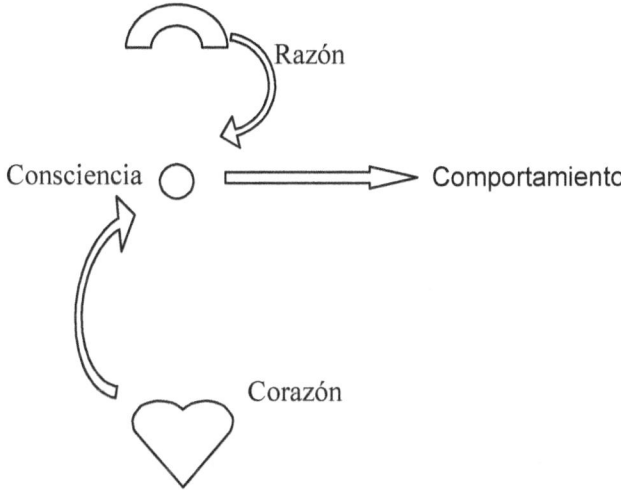

Fig. 1.1: Factores principales que influencian el comportamiento del hombre

El ser humano no está influenciado de manera exacta por los factores señalados, como una relación causa-efecto que pueda resultar en un comportamiento determinado mediante una alimentación adecuada de las variables de entrada. El comportamiento del ser humano no puede preverse con anterioridad en su totalidad, dada la complejidad de su naturaleza. Pero sí se puede tener una idea de cual será su comportamiento de acuerdo a su nivel de consciencia. Cuanto mayor sea su nivel de consciencia, mayor será su vocación de integrarse de forma armoniosa al ambiente social que lo rodea.

En todo caso, la idea no es predeterminar o definir a priori el comportamiento de una persona para conseguir objetivos pre-establecidos, como el adecuado funcionamiento de un sistema económico, sino entender cuáles son los factores que influencian tal comportamiento, con el objeto de aumentar la posibilidad de un conglomerado de personas actuar en armonía. Por encima de todo, tal comprensión debe estar subordinada al *libre albedrío,* donde el hombre tenga la posibilidad y el derecho de actuar de forma autónoma, de acuerdo a sus deseos y aspiraciones, que forman parte intrínseca de su propia esencia. El ser humano debe actuar de acuerdo al *principio de libertad.* Tal como lo afirma Fromm:

> "La existencia humana empieza cuando el grado de fijación instintiva de la conducta es inferior a cierto límite; cuando la adaptación a la naturaleza deja de tener carácter coercitivo; cuando la manera de obrar ya no es fijada por mecanismos hereditarios. En otras palabras, *la existencia humana y la libertad son inseparables desde un principio*" (Fromm. 1952: 47)

Basados en el principio de la libertad, consideramos necesario diseñar un sistema donde el ser humano se sienta libre para actuar de forma armoniosa, sin ser forzado a actuar de forma individualista y egoísta por las convenciones existentes en el sistema socio-económico vigente, sino que pueda mostrar un comportamiento cooperativo y solidario, siempre que su nivel de consciencia lo establezca así.

2.- MODIFICACIÓN DEL COMPORTAMIENTO DEL HOMBRE

¿Qué determina el comportamiento de una persona?. Partiendo del principio que todos los factores señalados ejercen su influencia sobre éste, consideramos que el nivel de consciencia determina en gran parte el comportamiento de una persona. Un nivel de consciencia "bajo" permitirá que el resto de los factores involucrados ejerzan una mayor influencia sobre el comportamiento de una persona, permitiendo que tanto el campo externo como las necesidades determinen en gran parte sus acciones. Mientras mayor el nivel de consciencia, mayor será el el equilibrio que habrá entre los diferentes factores, y mayor será el papel que irá desempeñando el Corazón en el comportamiento.

¿Dónde comienza el proceso de modificación del comportamiento hacia una actitud más armoniosa? En todos los factores y en ninguno al mismo tiempo, pues no tiene principio ni final. Para inducir algún cambio en el comportamiento de una persona con el objetivo de establecer una realidad más armoniosa, se podría actuar sobre cualquiera de los factores internos y externos que influencian el comportamiento humano, siempre teniendo en cuenta que es "multimotivado". Pero consideraciones éticas nos llevan a establecer que el *cambio en el comportamiento de las personas para alcanzar una realidad más armoniosa, debe estar dirigido hacia el aumento de su nivel de consciencia.*

Todo cambio debe comenzar por un cambio en su nivel de consciencia, permitiendo al individuo manifestarse como un ser autónomo, pero integrado a su entorno social. Tenemos la convicción de que el cambio del comportamiento por la vía de la consciencia es más intrínseco y verdadero que cualquier otra vía, pues busca una conexión con la verdadera esencia del ser humano, respetando su principio de libertad.

Por otro lado, las necesidades pueden determinar hasta cierto punto el nivel de consciencia, pues habiendo sido satisfecho un determinado nivel de necesidades, la persona se siente libre de satisfacer un nivel superior de necesidades, aumentando así su nivel de consciencia. Pero el nivel de consciencia también puede determinar la naturaleza de sus necesidades. Maslow (1963) menciona que personas que han visto satisfechas sus necesidades durante toda la vida, especialmente en los primeros años, desarrollan una capacidad excepcional para resistir la frustración presente o futura de esas necesidades, gracias a una estructura de carácter firme y sana, como resultado de la necesidad básica. Son aquellas personas firmes, que pueden resistir cualquier discordancia u oposición, que luchan contra la corriente de la opinión pública, y que defienden la verdad aún a costa de su integridad personal. *Son las personas que aman y que han sido amadas, las que pueden mantenerse firmes ante el rechazo social o la persecución.*

Para aumentar el nivel de armonía colectiva podríamos tratar de satisfacer las **necesidades** de todas las personas, subiendo el nivel colectivo de consciencia, pero no hay garantías del resultado, pues el individualismo de algunas personas pueda transformar el proceso en un juego de poder, en donde la satisfacción de sus necesidades atentará contra la satisfacción de las necesidades de otras personas.

Podríamos tratar de usar argumentos **racionales**, con el objetivo de mostrar la necesidad de vivir bajo condiciones armoniosas, pero dado el resultado que se ha alcanzado bajo la égide de los paradigmas racionales modernos (individualismo, racionalidad económica, eficiencia, etc), dudamos que los paradigmas racionales puedan inducir a alcanzar tal objetivo.

Podríamos tratar de modificar el **campo externo**, direccionando un proceso modelado por las técnicas de estímulo y respuesta, tratando de inducir modificaciones hacia comportamientos más solidarios y cooperativos (eso ya ha sido propuesto por la teoría behaviorista de Skinner, con resultados lejos de lo esperado), pero lo consideramos éticamente cuestionable, pues esta teoría establece que el comportamiento del hombre está básicamente influenciado por fuerzas externas, obviando una serie de factores naturales en el hombre tales como la razón, el corazón, la intuición y la consciencia. Por otro lado, el objetivo no es crear una especie de autómatas emocionales, sino *diseñar una realidad organizacional y social que satisfaga las aspiraciones de vivir bajo principios más armoniosos, en un ambiente regido por el libre albedrío.*

Podríamos tratar de actuar sobre la **consciencia** de las personas, mostrando la necesidad de convivir de forma pacífica y armoniosa para alcanzar el bienestar general, basado en la aceptación del Amor como la fuerza más poderosa del Universo, en un proceso educacional que permita al hombre aceptar que pertenece a una realidad natural y cósmica eminentemente armoniosa, aceptar las ventajas de asumir comportamientos cooperativos y solidarios, basadas en la necesidad de encontrar un equilibrio entre una persona y el resto de las personas, así como tener una visión global de la realidad, mostrando la interacción y la interdependencia entre todos sus componentes. *Consideramos que esta es la mejor vía para alcanzar el objetivo de diseñar una realidad organizacional y social más armoniosa y respetuosa tanto de la dignidad humana como del planeta en donde vivimos.*

Así, combinando el principio de la **libertad** con una modificación del comportamiento de las personas por la vía de la **consciencia**, se podría establecer un tipo de organización social capaz de permitir el surgimiento de valores humanistas y reales, que permitan al ser humano la libertad de actuar de forma armoniosa. Si aceptamos que el ser humano actúa de acuerdo a su nivel de consciencia guiado por el Corazón, más que por los otros factores señalados, sean éstos las necesidades, la razón, la emoción, la intuición, el campo externo o el inconsciente, podremos soñar con crear una realidad en donde **La Ley del Amor** se transforme en realidad, y pemitir el surgimiento de la solidaridad y la cooperación en todos los estratos de cualquier ente organizacional y social.

2.1- Aumento del Nivel de Consciencia

El establecimiento de una organización social armoniosa sólo podrá transformarse en realidad, si el objetivo de modificar el comportamiento humano hacia formas más cooperativas es alcanzado mediante el aumento del nivel de consciencia de las personas. Una acción sobre cualquiera de los otros factores envueltos en el comportamiento, puede ser vista como una manipulación del ser humano. Por lo tanto, el objetivo primordial para el establecimiento de una realidad social armoniosa debe estar direccionado hacia un aumento del nivel de consciencia de las personas. Pero, ¿Cómo puede llevarse a cabo?.

Este proceso puede darse de manera conjunta, en donde la satisfacción de las necesidades de los ciudadanos se dé a la par de un proceso de conscientización[3], en base a un proceso de educación, mostrando la necesidad de vivir bajo **el paradigma orgánico** para alcanzar el bienestar general, y viendo la realidad de forma global, interactiva, inter-dependiente e integrada.

Así como sucedió con la razón, que se transformó en paradigma gracias a los resultados del método científico, definiendo y fundando los cimientos de la sociedad moderna, de la misma forma puede ser realizado un proceso simultáneo con *el paradigma orgánico*, mediante un proceso de educación y formación ciudadana, haciendo un llamado de aumentar el nivel de consciencia a nivel global en toda manifestación de la realidad humana, mostrando los beneficios de incentivar un comportamiento orgánico, y diseñar las instituciones bajo el paradigma orgánico, mostrando las ventajas de aceptar la convivencia pacífica de los hombres, de la relación armoniosa del hombre con su entorno social y natural, y de la posibilidad de observarse a sí mismo como parte de una dinámica universal.

Tenemos la plena convicción de que el ser humano nació para relacionarse con sus semejantes de manera armoniosa, para crear un mundo en donde la violencia desaparezca de la realidad humana, en donde las guerras sean eliminadas de la faz de la Tierra, en donde las diferencias entre las personas,

---

[3] "Num primeiro momento, a realidade não se dá aos homens como objeto cognoscível por sua consciência crítica. Noutros termos, na aproximação espontânea que o homem faz do mundo, a posição normal fundamental não é uma posição crítica mas uma posição ingênua. A este nível espontâneo, o homem ao aproximar-se da realidade faz simplesmente a experiência da realidade na qual ele está a procura. Esta tomada de consciência não é ainda conscientização, porque esta consiste no desenvolvimento crítico da tomada de consciência. A conscientização implica, pois, que ultrapassemos a esfera espontânea de apreensão da realidade, para chegarmos a uma esfera crítica na qual a realidade se dá como um objeto cognoscível e na qual o homem assume uma posição epistemológica (...) Por isso, a conscientização é um compromisso histórico. É também consciência histórica: é inserção crítica na história, implica que os homens assumam o papel de sujeitos que fazem e refazem o mundo." (Freire. 1980: 26)

comunidades y países pueda ser manejada bajo un constante diálogo de comprensión y enriquecimiento mutuo, en donde el relacionamiento entre los hombres sea determinado por un trueque constante de ayuda y beneficios, basados en la consciencia de formar parte de la misma raza, del mismo destino y del mismo planeta. El hombre puede realizar lo que es capaz de imaginar. Entonces preguntamos: ¿Habrá llegado el momento de imaginar el advenimiento de una era de paz, cooperación, solidaridad y armonía?. Están dadas las condiciones para que la respuesta sea afirmativa. ¿Será una cuestión de imaginación o de transformarla en realidad.

3- CONCLUSIONES PARCIALES

De acuerdo a lo escrito hasta ahora, podemos llegar a las siguientes conclusiones:

1) La representación del hombre como un ser exclusivamente racional se revela limitada a la hora de modelar y diseñar organizaciones sociales que puedan lidiar adecuadamente con las fuentes de la motivación del comportamiento del hombre.

2) Existen factores adicionales a la razón que deben ser incluídos en el discurso de la motivación del comportamiento del hombre, como el Corazón, la consciencia y la intuición.

3) Mientras mayor el nivel de consciencia de una persona, mayor será la influencia del Corazón en su comportamiento, y mayor será el equilibrio entre los diferentes factores que influencian su comportamiento.

4) Los principales factores que influencian el comportamiento del Hombre (el Corazón, la razón, la consciencia y la intuición) deben ser reconocidos como tales en el diseño e implementación de todo ambiente organizacional y social.

5) El paradigma racional de la sociedad moderna puede ser sustituido por el paradigma orgánico.

4.- REALIDAD ARMONIOSA

La ciencia exige comprobar lo que se observa, aún cuando lo que se observa sea evidente y no necesite demostración para ser aceptado. Al abordar un nuevo concepto o una forma diferente de ver las cosas, nos enfrentamos con una dicotomía propia de las situaciones inéditas: intentamos demostrar el nuevo paradigma, o lo aceptamos hasta comprobar su pertinencia a través de la experiencia.

La ciencia nos exige comprobación, mientras que la realidad continúa igual. Es decir, la aceptación de un nuevo paradigma no cambia la realidad, sino nuestra comprensión sobre ella. Así, en el intento de establecer un paradigma organizacional y social más armonioso que el vigente, nos enfrentamos con la siguiente disyuntiva: tratamos de demostrar su veracidad a posteriormente aplicarla a nivel organizacional y social, o la aceptamos como un principio y tratamos de crear un orden organizacional y social acorde con sus preceptos para luego evaluar su autenticidad. Nosotros decidimos escoger la segunda alternativa.

4.1-Organicidad

Nos encontramos ante una realidad natural que se revela maravillosamente armoniosa. Las plantas, el ecosistema, el universo, el mundo sub-atómico y el cuerpo humano, son de una complejidad asombrosa si los analizamos detenidamente. Pero si vamos un poco más allá y tratamos de buscar su esencia, nos encontramos con la unicidad básica de todo lo existente basada en procesos naturales armoniosos.

En vez de hablar de complejidad, preferimos hablar de *Organicidad,* concepto más amplio, profundo y simple que el primero, que sirve para denotar la organización y el funcionamiento de todo sistema orgánico. Como sistema orgánico no nos referimos solamente a los sistemas biológicos, sino a todo sistema natural que tiene características de los sistemas biológicos. Este concepto abarca prácticamente cualquier sistema existente en el universo: átomo, molécula, seres biológicos, ecosistemas, sistemas solares, galaxias, etc. La característica fundamental de todo sistema orgánico es que se comporta como si fuera un ser vivo, en donde los procesos internos que permiten su supervivencia se desarrollan con una armonía y plasticidad asombrosas, nunca tratando de obtener de su entorno más de lo que necesitan, desechando lo que no pudieron utilizar, y poseyendo una serie de características que pueden ser apreciadas en los sistemas biológicos (adaptación, nacimiento, crecimiento, reproducción, diferenciación, flexibilidad, integración y evolución). La organicidad por su parte, trae consigo una connotación intrínseca en todo sistema natural: *la Armonía.*

Al hablar de organicidad a nivel organizacional y social, queremos establecer una comparación entre lo que sucede en los sistemas orgánicos y lo que puede ser aplicado en los sistemas organizacionales y sociales, considerándolos como seres vivos, con características similares a las de la estructura orgánica. Para ello, es necesario reconocer la importancia de la armonía en los sistemas orgánicos.

Sin tomar en cuenta los sistemas sociales creados por el Hombre, podemos constatar la existencia de una realidad que se revela eminentemente armoniosa, donde los procesos de evolución natural se desarrollan fluidamente. El crecimiento de una planta, la concepción de un ser vivo, el equilibrio de los ecosistemas, el funcionamiento del cuerpo humano, el equilibrio climático y el movimiento de los astros, forman parte de una realidad cuya organicidad se evidencia y cuyo funcionamiento es aceptado, sin haber sido demostrado.

La armonía se evidencia en el hecho de que cualquiera de las unidades básicas que integran la estructura de los sistemas naturales tiene una función determinada y se integra adecuadamente al sistema, sin tendencias a ocupar el espacio y la función de las otras unidades de forma conflictiva. Tenemos el caso de una planta, en cada una de las células desempeña su función de forma integrada, permitiendo el crecimiento armonioso de la planta.

La naturaleza nos muestra como el hombre se encuentra sumergido en una realidad cósmica y universal esencialmente armoniosa. Los planetas giran armoniosamente alrededor del Sol, la Luna gira alrededor de La Tierra, La Tierra gira en torno de sí misma, integrado al equilibrio del clima a nivel planetario, basado en una dinámica esencialmente armoniosa que permite la existencia. La vida de los animales y plantas, la lluvia, las estaciones, la vida en el subsuelo marino y la cadena de alimentación de los animales, tienen su lugar dentro de un equilibrio en donde la armonía y la integración constituyen factores fundamentales para mantener el sistema planetario funcionando de forma global. Nada es estático, todo fluye. Cada sistema conserva su esencia, pero al mismo tiempo está relacionado e integrado con todos los demás sistemas.

El cuerpo humano es esencialmente armonioso. Sus funciones se desarrollan en una danza sincronizada en donde cada órgano se integra al resto de forma equilibrada, permitiendo la vida del ser humano. La física ha mostrado el comportamiento armonioso de los objetos naturales, desde los cuerpos celestes hasta los átomos, imbuídos de un equilibrio cósmico y universal que permite el nacimiento, el crecimiento, el desarrollo, la muerte y la evolución de cada uno de los objetos involucrados, en un continuo reciclaje de energía y materia. A nivel social, el hombre y los animales superiores muestran la tendencia natural de organizarse en comunidades, donde la conducta relacionada ala necesidad vivir en grupos y manadas respectivamente revela las ventajas del comportamiento solidario y la organización social. En el hombre "existen fuertes impulsos hacia la conducta y la cooperación sociales: la cooperación es el rasgo dominante y, desde el punto de vista biológico, el más importante de todos" (Eli *In* Darin-Drabkin. 1962: 19).

En base a esas consideraciones partimos del principio que la naturaleza (y el hombre forma parte de ella) es armoniosa por esencia. Uno de los grandes conflictos del ser humano es saberse parte integral de un gran orden esencialmente armonioso, y haber sido obligado a razonar como un ente separado de la realidad que lo rodea. Fue en el momento que el hombre entró en la Edad Moderna (Marcuse. 1973), que dejó atrás todas las consideraciones integradoras del orden natural y decidio separarse mentalmente de su medio ambiente y de sus congéneres, para verse a sí mismo como un ente aparte y ver la realidad como una estructura mecánica conformada por muchos elementos actuando en conjunto, olvidando que en algún momento de su pasado observó tal realidad como un Gran Concierto dirigido por una Mano divina.

En ese sentido, tomamos la visión integradora del hombre con la naturaleza vista por Fromm:

> "La emergencia del hombre de la naturaleza se realiza mediante un proceso que se extiende por largo tiempo; en gran parte permanece todavía atado al mundo del cual ha emergido; sigue integrando la naturaleza: el suelo sobre el que vive, el sol, la luna y las estrellas, los árboles y las flores, los animales y el grupo de personas con las cuales se halla ligado por lazos de sangre. Las religiones primitivas ofrecen un testimonio de los sentimientos de unidad absoluta del hombre con la naturaleza. La naturaleza animada e inanimada forma parte de su mundo humano, o, como también puede formularse, el hombre constituye un elemento integrante del mundo natural" (Fromm. 1952: 49)

De esta manera, constituye un desafío de modelar y crear una realidad social y organizacional armoniosa, con un fuerte llamado a la consciencia integradora del hombre, cónsona con la realidad de la cual forma parte.

Aceptar la armonía a nivel organizacional y social no implica negar la diversidad de opiniones ni la argumentación abierta, ni impone el sacrificio de la libertad para establecer una realidad para que las aspiraciones de las personas sean satisfechas, sino que permite al ser humano entregarse a una dinámica integradora al medio ambiente social y natural, para inducir su evolución como persona y como sociedad de forma más fluida.

¿Por qué el hombre se empeña en diseñar sistemas sociales y organizacionales basados en el conflicto?. Una respuesta puede ser sugerida por la forma como el hombre moderno ve la realidad que lo rodea: de forma fragmentada. La racionalidad exacerbada ha hecho que el hombre deje de lado la visión de conjunto y la armonía inherente de los procesos naturales, induciéndolo a focalizar cada vez más cerca tales procesos, olvidando el punto de partida que lo llevó al análisis microscópico: entender la realidad como un todo. Desde un punto de vista racional, no es posible relacionarse con los semejantes de forma armoniosa, pues no es posible ver la sociedad como un sistema orgánico, sino como un grupo de personas separadas cada una tratando de seguir en su propia dirección. Pero sí existe una posibilidad: no basar los relacionamientos en la razón, sino en la consciencia de formar parte de un todo intrínsecamente unificado. El hombre no tiene por qué considerarse de naturaleza diferente. Este forma parte de la naturaleza y, por consiguiente, debe ser posible diseñar una realidad social a tono con su esencia.

Nuestra propuesta se dirige al establecimiento de una realidad organizacional y social que pueda lidiar adecuadamente con los factores relacionados a la tendencia natural del hombre de actuar en conjunto, permitiendo el surgimiento de la dinámica integradora de la cooperación y la solidaridad. En base a esa perspectiva sugerimos el diseño de una realidad basada en principios conscientes y orgánicos más que en principios racionales y mecanicistas.

4.2- El Principio de la Organización Armoniosa

En las organizaciones, los paradigmas modernos han moldeado las relaciones humanas en base al carácter funcional y la individualidad, y están determinadas por el servicio que los empleados ofrezcan a la organización en la contribución a la obtención del lucro. Desde el punto de vista del empleado, él determina su relacionamiento con la organización en base a lo que ella pueda ofrecerle, especialmente a lo relacionado con el aspecto material-financiero (ingreso) y al status profesional. En esa relación, cada parte trata de obtener la mayor cantidad al menor costo posible. En ese sentido, la empresa tratará de pagar menos, y el empleado tratará de ganar más.

Este tipo de relación tiende a causar conflictos en el vínculo laboral, pues los objetivos de la organización difieren de los objetivos de los empleados, motivo por el cual han surgido corrientes teóricas que tratan de aliviar tal conflicto, el cual se manifiesta como "un creciente malestar de nuestras organizaciones actuales, malestar este que, en la práctica, se manifiesta como infelicidad individual e ineficiencia organizacional"[4] (Leite. 1995: 88). El conflicto laboral existe tanto en el sector privado como en el sector público, motivo que nos lleva a considerar el problema a nivel general de las organizaciones actuales.

¿Cómo fundir ambos objetivos (los del empleado y los de la organización)?. Hasta ahora no ha surgido ningún tipo de propuesta que permita fundir el objetivo de las ganancias de la empresa con el ingreso del empleado, pues ambos son inversamente proporcionales, es decir, para que un empleado pueda aumentar su ingreso debe pasar una de las siguientes situaciones: a través del crecimiento de la empresa, mediante el aumento de la productividad de la empresa y del trabajo realizado por los empleados, o mediante la repartición de parte del lucro de la empresa entre los empleados. Como puede apreciarse, ambos intereses son conflictivos: el interés de la empresa y el interés del empleado.

Como toda organización social, la empresa posee una identidad corporal que le permite definir y establecer parámetros de su propia individualidad, trayendo consigo una serie de términos que normalmente serían destinados para describir una persona: el interés de la empresa, las ganancias de la empresa, los objetivos de la empresa, etc. Estos objetivos difieren de los objetivos de los empleados, quienes viéndose ante la disyuntiva de escoger entre el propio interés y el de la empresa, optan por el suyo.

Las tentativas de fusión entre los objetivos de la organización y de los empleados no han alcanzado los resultados esperados, básicamente porque son conflictivos. En el intento de fundir ambos objetivos, el resultado no acaba satisfaciendo a la organización ni a los empleados, quedando en un término medio entre ellos, dejando a todas las partes descontentas.

Por otro lado, el intento de fusión de ambos objetivos cuestiona los paradigmas que dieron vida a la organización moderna, y sugiere el surgimiento de paradigmas organizacionales diferentes, pues en este intento de fusión, los objetivos principales de las organizaciones (el lucro y la gestión de recursos) sean cambiados por objetivos más relacionados con las personas que integran las organizaciones, surgiendo una difusa distinción entre los medios y los fines.

La fusión de ambos objetivos implica la fusión de los medios y los fines, pues la unión de los objetivos de las personas y de las organizaciones transforma el

---

4   "um crescente mal–estar de nossas organizações atuais, mal-estar este que, na prática, manifesta-se como infelicidade individual e ineficiência organizacional" (Leite. 1995: 88).

paradigma organizacional en una sola realidad. Esto sugiere el surgimiento de un tipo de organización diferente, basada en otros paradigmas. Por lo tanto, *la fusión de ambos objetivos implica la desaparición de la organización moderna y sugiere el surgimiento de otro tipo de organización.*

El surgimiento de otro tipo de organización estaría basado en principios diferentes. A continuación sugerimos uno de esos principios, aquel que consideramos el más importante de todos, que eliminaría el conflicto entre los dos objetivos señalados, y que daría origen a otros principios y a otro tipo de organización.

Principio Superior

La aceptación de un principio de organización diferente pasa por la superación de los paradigmas vigentes. Por lo tanto, es necesario recurrir a principios ausentes en las organizaciones modernas y la sociedad moderna en general para conciliar posiciones.Existen ejemplos de sistemas naturales a los que podemos recurrir para alcanzar este objetivo.

Las organizaciones sociales de los insectos son conocidas por su orden y disposición basadas en el instinto. Pero el instinto es una categoría que disminuye y desaparece en las formas zoológicas superiores (Fromm.1952). Por lo tanto, debemos buscar un principio de organización que pueda cumplir el papel organizador que ejerce el instinto en las formas zoológicas inferiores, y que esté presente en los sistemas humanos. Es necesario establecer un principio general que vaya dirigido a la consciencia humana y pueda orientar el comportamiento de las personas hacia un mismo objetivo de forma armoniosa. Adicionalmente, debemos aceptar un principio que satisfaga simultáneamente el corazón y la razón.

Después de diversos intentos dirigidos a encontrar un principio que satisfaga tales requisitos, consideramos que el principio más adecuado para el establecimiento de una estructura organizacional y social basada en principios armoniosos, es el mayor sentimiento que el ser humano puede sentir, es la fuerza más sutil y maravillosa que existe en el universo, es la energía que puede llevar al ser humano al cumplimiento de hazañas increíbles, la que permite a un persona dar su vida para salvar la vida de otra persona, la musa que cantan los poetas y autores más consagrados, el motivo que permite expresar el argumento más sublime y la inspiración que llevó a la creación de las mayores obras hechas por la humanidad: *El Amor.*

El Amor constituye un principio y una metáfora. Puede ser visto como una forma de viajar o como un objetivo, como un sentimiento universal o como un ideal superior de la humanidad, como una estrella en el horizonte, indicando el camino a seguir, o como las olas y el viento que dan forma al mar.

El Amor puede representar un principio de organización, una opción, un llamado a la consciencia o la vida misma. El Amor permite a una persona ver a los demás como parte de sí misma. Cuando una persona ama, da sin esperar respuesta, pero aún así, está dispuesta a recibir, en una dinámica de comprensión mutua y entrega. Cuando una persona ama a otra, cuida de ella, la considera parte de sí misma, y está dispuesta a sacrificar parte de su bienestar en pro del bienestar de ésta. No hablamos sólo del amor de pareja, sino de aquel sentimiento que permite a un individuo considerar a las otras personas como parte de sí mismo. El Amor permite decisiones armoniosas en la dirección adecuada, y considera el bienestar ajeno como parte integral del propio bienestar.

Si el Amor fuera descubierto por la ciencia como el principio fundamental para la vida y para el orden intrínseco del universo, nuestra concepción sobre la realidad cambiaría drásticamente. Pero, ¿por qué esperar a que sea descubierto por la ciencia si como hipótesis puede ayudarnos a crear una realidad social armoniosa?. La única respuesta que nos niega esa posibilidad es tener un nivel de consciencia no lo suficiente elevado para imaginar una realidad social armoniosa, cooperativa y solidaria.

Un nivel de consciencia adecuado nos permitirá soñar y luchar por el establecimiento de un sistema organizacional y social armonioso, sin necesidad de continuar con mecanismos de control racionales. No basta con querer establecer una sociedad regida por el Amor, en donde el comportamiento de las personas esté regido por la consciencia, sino contar con un nivel de consciencia que nos permita orientar nuestro comportamiento, para poder establecer una organización social acorde con los principios de armonía.

En base a la convicción de formar parte de una realidad natural intrínsecamente armoniosa, y de la posibilidad de diseñar una realidad social basada en el principio del Amor, nos permitimos el riesgo de proponer una realidad social basada en principios humanistas y solidarios, en donde el lado bueno del ser humano se sienta libre para aparecer en todo momento

A continuación, pasamos a considerar los aspectos relacionados al principio del Amor y sus consecuencias en el comportamiento armonioso del hombre, mediante la aplicación estructural de los sistemas orgánicos a nivel organizacional. En el próximo capítulo estableceremos los lineamientos generales de la Estructura Orgánica.

CAPÍTULO 2

Sistemas Orgánicos

*"Simplemente proponemos ver el Universo no
como una gran máquina, sino como un gran ser"*

1.- PERSPECTIVA CONVENIENTE

PARA JUSTIFICAR LA validez de aceptar un punto de vista diferente de la
perspectiva burocrático-mecanicista aplicada vigente en las organizaciones
modernas, vamos a recurrir a un gran debate que se suscitó en el mundo de
la matemática durante el siglo XIX.

La Geometría Euclidiana, de Lobatchevsky y de Riemann

Poincaré[5] (1984), gran matemático francés, estableció que la geometría
se basa en un cierto número de axiomas (convenciones) no demostrables.
Durante mucho tiempo se trató, en vano, de demostrar el tercer postulado
de Euclides (una de las bases sobre las cuales se construyó todo el cálculo
geométrico), el cual establece que por un punto dado pasa sólo una recta
paralela a una recta dada (fig. 2.1), y que nunca había sido demostrado.

---

[5] Jules-Henri Poincaré (1854-1912), profesor de Mecánica Física y Celeste en la
Universidad de Paris durante el siglo XIX, fue considerado por sus contemporáneos
como el último gran sabio universal. En 1885 fue nombrado responsable del curso
de Mecánica Física y Experimental de la facultad de Ciencias de la Universidad de
Paris. En 1886 ocupa la cátedra de Física, Matemática y Mecánica Celeste. Fue
miembro de todas las sociedades científicas internacionales de si época.

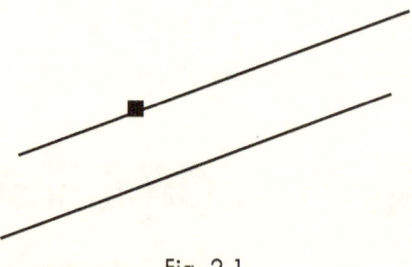

Fig. 2.1

Durante el primer cuarto del siglo XIX, Lobatchevsky (ruso) y Riemann (alemán) establecieron de forma irrefutable, que esa demostración es imposible. Lobatchevsky, en su intento de demostrar el postulado de Euclides, invirtió el problema, es decir, estableció que a través de un determinado punto pueden pasar dos líneas paralelas a una recta dada. A partir de ahí dedujo una serie de teoremas "entre los cuales es imposible señalar cualquier contradicción" (Poincaré. 1984: 46), terminando por construir una geometría cuya lógica era tan congruente como la euclidiana, pero *incompatible con ésta.* A partir de ese momento, la matemática comenzó a ser cuestionada en su validez absoluta. Ahora existían dos formas diferentes de abordar el campo de las matemáticas. Casi simultáneamente, Riemann construyó una geometría tan impecable como la euclidiana, eliminando no sólo el tercer postulado, sino también el primero, según el cual sólo puede pasar *una recta* entre dos puntos. El único problema es que no era compatible con las geometrías de Euclides y de Lobatchevsky. Más aún, la geometría de Riemann es la que más se aproxima a la Teoría de la Relatividad de Einstein. Pero si las 3 geometrías son igualmente válidas aún siendo incongruentes entre sí, cabe preguntar: ¿Cuál de las tres geometrías es la verdadera?.

Poincaré abordó la polémica surgida en torno cuál geometría era la verdadera. Cada geometría estaba fundada sobre determinados axiomas, los cuales eran aceptados como verdaderos. Poincaré llegó a la conclusión de que los axiomas geométricos no eran verdades irrefutables, sino que eran convenciones. Luego se preguntó cuál de las tres geometrías era la verdadera: ¿la de Euclides, la de Lobatchesky o la de Riemann?, llegando a la conclusión de que tal pregunta no tenía fundamento, pues *una geometría no es más verdadera que la otra, sino más conveniente.* Una geometría no es verdadera, sino más adecuada para ser aplicada en determinados casos.

En nuestro mundo consensualmente tridimensional y newtoniano, la geometría euclidiana se revela adecuada para enfrentar y resolver los problemas que se presentan. Pero en el mundo relativo, la geometría euclidiana se revela limitada e incapaz de enfrentar los problemas que se presentan, por lo cual se hace necesario y cómodo partir de una base geométrica riemanniana.

Perspectiva conveniente a nivel organizacional

Siguiendo la línea de pensamiento presentada en la sección anterior, podemos establecer consideraciones semejantes en las organizaciones para comparar la perspectiva mecanicista con la orgánica. La perspectiva mecanicista-burocrática establece los siguientes paradigmas para modelar las organizaciones:

a) El ser humano tiene un comportamiento racional; y
b) Las organizaciones están compuestas por partes integradas que pueden ser analizadas separadamente.

Partiendo de la base que este modelo puede ser cuestionado, podemos proponer un modelo de organización diferente basado en convenciones diferentes y construir una estructura alterna, que denominaremos de ahora en adelante "estructura orgánica organizacional".

Tanto un abordaje como el otro están fundamentados sobre determinadas convenciones que, sin ser necesariamente verdaderas, permiten crear estructuras organizacionales determinadas.

La perspectiva orgánica permite ver la organización como un ser vivo, como una estructura en red donde la unidad y la estructura forman un todo indivisible, siendo ambos igualmente importantes. Las personas son consideradas más que recursos, pues son los protagonistas y beneficiarios de la dinámica organizacional.

El ingrediente fundamental que permite el funcionamiento adecuado de la estructura organizacional orgánica, mediante un comportamiento armonioso por parte de las personas, es el nivel de consciencia orgánico.

2.- PARADIGMA ORGANICO

A nivel de modelaje organizacional, el término orgánico se aplica a un conjunto de técnicas que permiten aumentar la flexibilidad de la estructura organizacional tradicional, mediante una serie de propuestas relacionadas a la toma de decisiones, a la tecnología de la información, al desarrollo de relaciones laterales y a la descentralización de la estructura. El término orgánico surgió debido a la necesidad de establecer un punto de referencia diferente a las estructuras burocráticas descritas como mecanicistas, por lo general más rígidas.

En nuestro caso, usamos el término orgánico de una manera diferente, para definir *una estructura organizacional en red que puede ser modelada como un sistema orgánico, con propiedades propias de este tipo de sistema, tales como adaptación, integración, equilibrio y flexibilidad.*

La estructura orgánica es una herramienta muy poderosa para modelar cualquier tipo de organización social o natural. Así como la perspectiva mecanicista permite comparar la realidad organizacional y social con elementos, sistemas y procesos mecánicos, de la misma forma podemos comparar la realidad organizacional y social con una estructura orgánica, estableciendo metáforas que nos permitan modelarla como un ser vivo, atribuyéndole propiedades similares. Desde el átomo hasta el universo, pasando por los organismos biológicos, los sistemas pueden ser modelados como estructuras orgánicas.

A continuación, explicamos en detalle las convenciones, propiedades y características de los sistemas orgánicos que pueden ser aplicados a nivel organizacional y social.

Convenciones

Existen dos convenciones necesarias para establecer las características y propiedades de una estructura orgánica.

> *Representación de la realidad como una estructura orgánica:* la realidad natural, organizacional y social, así como las estructuras y unidades que las conforman, pueden ser modeladas como estructuras orgánicas, es decir, como estructuras en red con características propias de los sistemas orgánicos.

> *Comportamiento consciente de las personas:* el comportamiento de las personas está determinado por su nivel de consciencia. Una estructura organizacional y social orgánica sólo podrá funcionar adecuadamente si las personas que la integran actúan de acuerdo al nivel de consciencia orgánico, que se define como aquel *nivel de consciencia en donde cada persona considera a las otras personas tan importantes como sí misma.* Ese nivel de consciencia

permitirá alcanzar un nivel de funcionamiento armonioso, equitativo e integrado.

2.1- Estructura Orgánica

Dentro de la concepción orgánica, la estructura en red adquiere una importancia fundamental, pues cada unidad se une con el resto de las unidades mediante una red de relaciones integrada por elementos similares cuya importancia es equivalente. Dentro de este principio, estamos asumiendo la *propiedad autopoiética de la unidad*[6] , en donde la unidad representa un sistema auto-referente de características particulares, a su vez relacionado con otros sistemas unitarios de características similares, y que, en su conjunto, conforman un sistema referente mayor, con características provenientes de las unidades que la conforman y con características adicionadas, producto de su esencia como sistema. Pero a su vez, este sistema puede ser considerado como una unidad que forma parte de un sistema de referencia mayor.

Aplicando esa propiedad a nivel organizacional, una persona puede ser considerada como una unidad que está relacionada con otras unidades de características similares (las otras personas), pero en su conjunto pueden conformar un sistema mayor llamado equipo de trabajo. Ese equipo de trabajo a su vez, puede ser considerado como una unidad de trabajo que está relacionada con otras unidades (los otros equipos de trabajo) cuyas características similares, y que, en su conjunto, conforman un departamento, y así sucesivamente. En una escala de menor a mayor, podemos apreciar la conformación de las siguientes unidades y sistemas: persona, equipo, departamento, área, organización, comunidad, sociedad, países, comunidad de naciones, mundo.

Así, un principio fundamental en la estructura orgánica es el *Principio Autopoiético de la Unidad:* la unidad define, a través de sus propiedades, el espacio donde ella existe y el dominio de los fenómenos que puede generar en su interacción con el resto de las unidades (Maturana y Varela. 1980).

---

[6]   El término autopoiesis fue creado por Maturana y Varela (1980), y se refiere a la propiedad que tienen los sistemas biológicos de estar integrados por unidades que al mismo tiempo pueden ser considerados como sistemas. Por ejemplo: el cuerpo humano está compuesto por diferentes órganos, siendo considerados cada uno de ellos como una unidad que conforma el sistema en general, o como sistema al mismo tiempo (como un sistema de tejidos).

Toda estructura puede ser considerada tanto unidad como sistema, y las dos consideraciones dependerán del enfoque que sea dado a la estructura. Una persona puede ser considerada como la unidad organizacional y el equipo de trabajo como sistema, pero subiendo de escala, podemos considerar el equipo de trabajo como la unidad y el departamento como el sistema, y así por delante.

Este principio puede ser también denominado **Principio Orgánico,** donde el sistema tiene la propiedad de que en todas partes se reencuentra el mismo sistema que forma el todo: la estructura orgánica. Estamos analizando la realidad como si fuera una gran estructura orgánica que permite reencontrar esa misma estructura en cada rincón que la constituye. Una estructura que muestra muchas inter-relaciones, en donde podemos encontrar una estructura con las mismas características, en cada análisis que hagamos de las unidades que la integran (fig. 2.2).

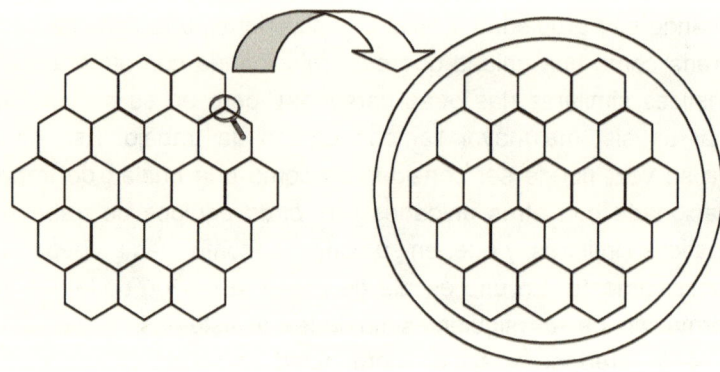

Fig. 2.2

2.2- Propiedades de la Estructura Orgánica

La metáfora orgánica permite aplicar las siguientes propiedades a nivel organizacional:

Adaptación: la capacidad de adaptación a las condiciones que determine el medio ambiente, constituye un factor fundamental para la supervivencia del sistema. La estructura orgánica organizacional tendrá la capacidad de adaptarse a las condiciones establecidas por el medio ambiente, dentro de los parámetros que determinan la supervivencia.

Autonomía: cada unidad tiene la característica de cumplir con su función de la manera más conveniente, siempre buscando la integración con el funcionamiento del resto del sistema.

Autopoiesis: esta se refiere a lo que sucede en la propia dinámica de los seres vivos, donde la manera de afirmar autonomía de las unidades se da a través de su naturaleza auto-referencial, diferenciándose de las otras unidades. Igualmente, este concepto permite caracterizar el funcionamiento de cualquier estructura orgánica, pues las unidades mantienen su identidad en relación con las demás unidades, manteniendo el intercambio de recursos y de relaciones que les permiten integrarse de forma equilibrada, conformando el sistema. A nivel organizacional, permite diseñar una estructura donde los fenómenos que caracterizan el funcionamiento de cada unidad permitirá afirmar su identidad y mantenerse integrada al sistema.

Ciclo Vital: recurriendo a una metáfora biológica, así como los organismos vivos nacen, crecen, se desarrollan, se reproducen y mueren, de la misma forma las organizaciones tienen un proceso análogo, que puede ser considerado como su ciclo vital. Toda organización nace, crece y se desarrolla, algunas se reproducen, otras se transforman y hay otras que dejan de existir.

Confianza: las personas integrantes de la estructura orgánica tendrán un nivel de consciencia orgánico, sin "mecanismos" de control. Las unidades serán coordinadas y no controladas. Las unidades integrantes del sistema (personas, equipos, departamentos, etc) estarán conscientes de sus responsabilidades y de la importancia del cumplimiento de sus tareas para el adecuado funcionamiento del sistema. No será necesario el ejercicio del control para ello, sino de la *confianza* por parte de las unidades y del resto de las personas que integran el sistema. Así, cada persona confiará en el trabajo realizado por las otras personas, y simultáneamente, infundirá confianza en las demás personas del trabajo a realizar.

Coordinación: la jerarquía constituye una convención creada para organizar un grupo de personas trabajando para alcanzar un objetivo pre-establecido, mediante un cierto orden formado por superiores y subordinados con el objetivo de cumplir una determinada serie de tareas. Pero, sucede que "otra característica de las organizaciones que no se encuentra a gran escala en el organismo biológico es la jerarquía" (Boulding. 1953: XXIX). En una estructura orgánica, la jerarquía no se manifiesta bajo una concepción burocrática, sino que se basa en prioridades fundamentadas en valores, como la supervivencia del sistema o la armonía del funcionamiento de la estructura. La jerarquía orgánica se basa en el cumplimiento de funciones y el alcance de objetivos por parte de las diferentes unidades y sub-sistemas que componen la estructura, siempre buscando el bienestar general del sistema. Así, ninguna unidad está subordinada a otra unidad para recibir órdenes y ser controlada, sino que cada unidad cumple sus responsabilidades de forma autónoma, cooperativa, integrada y solidaria, subordinando su propio interés al interés general del sistema. De la misma forma, a nivel organizacional, se puede crear un orden que permita a las personas y diferentes unidades que conforman el sistema prescindir de la jerarquía burocrática, para sustituírla por una jerarquía de valores y prioridades, en donde el bienestar general esté al mismo nivel del bienestar de las personas que la integran. Esto puede ser conseguido mediante un comportamiento consciente de las personas, pues la consciencia de cada unidad (persona, grupo, departamento y organización) permitirá determinar el comportamiento y las acciones que se adecúen de forma integrada al funcionamiento del sistema, permitiendo que la armonía y el bienestar de cada unidad formen parte de una dinámica que redunde en el bienestar general. En una organización orgánica, se confiará en el criterio surgido del nivel de consciencia orgánico de las personas. Dentro de esta concepción, la jerarquía burocrática tradicional será sustituída por una *coordinación de las actividades*, mediante un orden organizacional que permita la libertad y la autonomía para actuar de la mejor manera posible, siempre teniendo en cuenta el funcionamiento adecuado de la estructura, y que permita el *comportamiento consciente* de las personas para alcanzar el bienestar general. La coordinación será cada vez más necesaria en la medida en que el número de personas aumente y se necesite establecer un flujo adecuado de recursos, información y actividades. La coordinación será ejercida por una unidad destinada para tal fin. Así como el cerebro coordina el funcionamiento del cuerpo humano, de la misma manera se creará una unidad que coordine el funcionamiento de toda organización orgánica, cuya función principal será coordinar el desarrollo de las actividades, crear y garantizar las condiciones que permitan a las diferentes unidades ejercer su actividad, y vigilar por una integración adecuada de cada una de las unidades con el resto del sistema.

Descentralización: la coordinación y la autonomía conducirán a una dinámica en donde la descentralización encontrará un espacio adecuado para permitir el funcionamiento adecuado de la estructura.

Diferenciación: la diferenciación formará parte fundamental de la estructura interna de las organizaciones orgánicas. Cada unidad tendrá un rango de funciones a ser realizadas, sin por ello dejar de tener una vocación principal. La funcionalidad de la estructura permitirá que las tareas sean desempeñadas a nivel específico por la unidad establecida para tal fin, pero al mismo tiempo de forma integrada al resto de la estructura.

Equifinalidad: esta propiedad significa que el mismo estado final puede ser alcanzado a través de caminos diferentes, de acuerdo a las condiciones organizacionales, a las condiciones del medio ambiente y a la disponibilidad de recursos.

Flexibilidad: las personas y unidades orgánicas podrán desempeñar diferentes funciones como parte de la dinámica de la estructura. Lo importante será el servicio que se pueda dar al sistema, y no la definición y delimitación de funciones que impidan lidiar de forma satisfactoria con situaciones imprevistas. Por lo tanto, la estructura organizacional será flexible tanto en su naturaleza como en sus funciones, siempre buscando alcanzar, mantener y/o mejorar el funcionamiento del sistema. Por otro lado, cada unidad tendrá la libertad suficiente para desempeñar su tarea bajo las condiciones que considere más convenientes (físicas, de relaciones con el resto de las unidades, ritmo de trabajo, etc).

Homeostasis: ella se refiere a la auto-regulación y la capacidad de mantener un estado equilibrado, en un proceso en donde la retroalimentación permite modificar las condiciones finales del sistema, de acuerdo a los valores vigentes. Así como el cuerpo humano modifica su metabolismo para adaptarse a las condiciones del medio ambiente, de la misma forma la organización orgánica podrá modificar sus condiciones de funcionamiento para adaptarse de la mejor manera posible a las condiciones ambientales vigentes.

Integración: la capacidad de las unidades poder integrarse armoniosamente al resto del sistema y la capacidad de cada una respetar la naturaleza diferente de las funciones que cada una desempeña, determinará las posibilidades de funcionamiento adecuado del sistema.

Liderazgo: este se encontrará en todas partes y en ninguna al mismo tiempo. Este estará en cada persona y unidad ejerciendo su vocación, consciente de su responsabilidad y de su aporte para la estructura en general, atento a cualquier falla que pueda existir, para repararla o comunicarla a la persona o grupo aptos para repararlos. El liderazgo en el cuerpo humano reside en una especie de *orden implicado*, en donde cada célula, tejido, órgano y sistema saben qué hacer para mantener el funcionamiento adecuado del organismo. En una organización orgánica, las personas y unidades serán activas, dinámicas, participativas, responsables y con iniciativa para cumplir su función. El liderazgo pasará de persona en persona, dependiendo de las necesidades del sistema en un momento dado. Cada persona sabrá qué hacer para dar su aporte al sistema y coadyuvar en su fucionamiento. Sin embargo, existe lo que denominamos como *liderazgo temporal*, en donde, ante la necesidad de un grupo de personas enfrentar una determinada situación y requerir la presencia de un líder, se tomará la vía del consenso para elegir a un líder, por ser aquella persona con la capacidad para ejercer esa función durante un período determinado, y el resto de las personas tendrán el nivel de consciencia para ceder parte de su liderazgo durante el cumplimiento de la tarea. Una vez terminada tal tarea, tal función dejará de tener sentido. En el caso de que surja una situación análoga en un área diferente, se procederá a elegir a la persona más capacitada para ejercer el papel de líder, que puede muy bien ser una persona diferente del caso anterior.

Orden Implicado Cooperativo: toda estructura orgánica posee un orden implicado que rige y determina su manifestación interna."Las leyes del orden implicado son tales que no hay una subtotalidad relativamente independiente, recurrente, estable, que constituye el orden explicado, y que básicamente, es el orden con el cual estamos acostumbrados a estar en contacto en la experiencia ordinaria" (Bohm. 1998: 272). El orden explicado es consecuencia del orden implicado. La Física puede describir el movimiento de los planetas y el movimiento de las partículas atómicas, pero no logra explicar el por qué de ello; la Biología permite tener conocimiento de los fenómenos que se desarrollan en los seres vivos, pero no explica el motivo; el mismo argumento se puede usar con cada una de las ciencias actuales. La ciencia moderna ha logrado alcanzar niveles fantásticos de descripción de los fenómenos naturales, permitiendo entender sus causas y efectos, pero no logra explicar el por qué de tales fenómenos. Pero el orden implicado existe, y determina las diferentes manifestaciones que dan origen a los fenómenos naturales. Pero, ¿cuál es el fundamento de tal orden implicado?, ¿qué fundamenta y determina el orden explicado?. El orden implicado del universo es el Amor, y todo lo demás surge como consecuencia de él. El ser humano es hijo del Amor, de aquella fuerza inconmensurable que da origen a todas las formas de vida orgánicas e inorgánicas, que fundamenta el flujo vital que circula por los corazones de los hombres, que permite el surgimiento del milagro de la vida, que permite transformar en posible lo imposible, que da origen al pensamiento, a los sentimientos, a la consciencia, a todo lo material y lo inmaterial, a todo lo espiritual y a la manifestación de lo eterno, a estas palabras, a su lectura, a su comprensión, a aquello que da origen a todo lo visible y lo invisible. Tal orden implicado permite las diversas manifestaciones de lo eterno en el plano material. Es sólo fluyendo con esa fuerza que el ser humano finalmente podrá conseguir las diversas manifestaciones de lo eterno, de lo armonioso, de lo que Es y de lo que Será en su compromiso con la vida. Sólo el reconocimiento de tal orden permitirá al ser humano asumir posiciones y compromisos alineados con la Verdad, y permitirá el surgimiento de arreglos organizacionales armoniosos, cooperativos y solidarios que permitan el flujo natural de aquello verdadero que existe en los corazones de los hombres.

Unidad en el tiempo: la estructura orgánica se mantiene como unidad a lo largo del tiempo, más específicamente, durante el período comprendido entre su nacimiento y su muerte. Después de tal período, las unidades que conforman la estructura se desagregan y pasan a formar parte de otro tipo de sistema[7], no necesariamente juntas ni teniendo el mismo destino. Es decir, las unidades pueden formar parte de sistemas diferentes. La unidad en el tiempo no implica que la estructura orgánica esté conformada por exactamente las mismas unidades, como se evidencia en el hecho de que en el caso del cuerpo humano hay una renovación constante de las células que lo conforman, pero sí implica que las unidades que conforman la estructura orgánica tienen la misma naturaleza y ejercen la misma función a lo largo del tiempo durante el cual pertenezcan a ella[8].

3.- FUERZAS ORGÁNICAS

3.1- Fuerza de Atracción Orgánica

A nivel de los sistemas orgánicos[9], existe una fuerza de atracción que hace que los sistemas naturales mantengan su unidad en el tiempo, esa fuerza la denominamos *Fuerza de Atracción Orgánica.*

---

[7]   Por ejemplo: después de la muerte de un ser vivo, el material orgánico que lo conformaba (células, órganos, etc) se desagrega y pasa a formar parte de otros sistemas, como el desecho orgánico del suelo. El material orgánico no se destruye, sino que se separa e integra otros sistemas.

[8]   Así como las células del cuerpo humano se renuevan constantemente, en medio de una dinámica en donde las que mueren o salen del organismo son sustituídas por células nuevas, repitiéndose tal proceso hasta ocurrir la muerte de la persona, de la misma forma podemos mirar el funcionamento de una organización, en donde la empresa mantiene su identidad aún cuando las personas entren y salgan de ella, pues al salir una persona de la empresa, es sustituída por otra persona con características similares que ejerza la misma función. En el caso de que la empresa cierre sus puertas, las personas salen y pasan a formar parte de otra empresa o incluso, otro tipo de sistema de trabajo.

[9]   Aquí nos referimos a cualquier sistema presente en la naturaleza que pueda ser modelado como una estructura orgánica. Muchos sistemas naturales entran en esa definición.

En los sistemas planetarios y estelares, esa fuerza de aracción se conoce como *gravedad*, que no permite que las diferentes partículas que forman parte del planeta o estrella anden deambulando por el universo sin rumbo fijo, sino que conformen un sistema determinado y estable. En el universo sub-atómico, esa fuerza mantiene a los electrones, protones y neutrones moviéndose en forma permanente dentro de un radio de acción determinado, permitiendo el fenómeno de la unidad que determina la existencia del átomo. En los organismos vivos, existe una fuerza de atracción que da forma al cuerpo en el cual se manifiesta la vida; esta fuerza aún no ha sido formalizada en los medios científicos, pero ella existe y permite la existencia de los seres vivos.

En los sistemas sociales, ella se manifiesta como una fuerza natural que induce a las personas formar parte de un grupo, organización o comunidad, interactuar entre sí y permanecer unidas durante su pertenencia a éste. Esto no impide que algunas personas que forman parte de una comunidad dada, se deslinden de ésta para integrarse a otra comunidad. En todo caso, esa persona buscará formar parte de otro grupo, comunidad u organización.

La Fuerza de Atracción Orgánica se encuentra presente en todo sistema que pueda ser calificado como orgánico. Basta que este fuerza desaparezca, para que el sistema pierda su esencia como sistema orgánico, como el caso de la muerte de los seres vivos, la fisión atómica o una supernova (explosión de una estrella).

A nivel social, esa fuerza permite la formación de comunidades, pueblos, ciudades, y países. A nivel organizacional, esta fuerza induce la formación de cooperativas, empresas, organismos e instituciones.

3.2- Fuerza Centrífuga Orgánica

La Fuerza de Atracción no es la única fuerza existente. En general, ella se encuentra equilibrada por una fuerza de igual magnitud pero de sentido contrario, que denominamos *Fuerza Centrífuga Orgánica,* que no permite que la atracción se transforme en una fusión de los elementos que integran el sistema, sino que se mantenga un cierto equilibrio de atracción-repulsión.

En general, la Fuerza Centrífuga Orgánica está relacionada al movimiento de los elementos del sistema. En el caso de los sistemas planetarios, el movimiento de los planetas genera la fuerza centrífuga que les impide acercarse al Sol; en el caso de los sistemas sub-atómicos, el movimiento de las partículas permite mantener un equilibrio a la fuerza de atracción ejercida por el núcleo. En el caso de los organismos vivos, esta fuerza permite mantener un estado de equilibrio permanente.

A nivel social y organizacional, esta fuerza induce el surgimiento de un espacio vital mínimo necesario para que las personas vivan confortablemente.

3.3- Equilibrio y Espacio Vital de los Sistemas Orgánicos

Como podemos observar, las dos fuerzas señaladas existen simultáneamente y se compensan mutuamente, dando forma a los sistemas orgánicos. Así, a nivel planetario, el movimiento de traslación de los planetas permite compensar la fuerza de gravedad del Sol; a nivel sub-atómico, el movimiento de las partículas equilibra la fuerza de atracción del núcleo; a nivel biológico, las células y tejidos tienden a mantener un posición de equilibrio que induce estabilidad; a nivel organizacional y social, las personas tienden a estar entre sí, pero siempre conservando su individualidad.

Como podemos observar, la Fuerza de Atracción depende en gran parte de la naturaleza interna de las unidades orgánicas (electromagnetismo, gravedad, equilibrio biológico, necesidad de relacionamiento entre las personas, etc), mientras que la Fuerza Centrífuga depende del movimiento de las unidades orgánicas. La Fuerza de Atracción es más de naturaleza estática, mientras que la Fuerza Centrífuga es más de naturaleza dinámica.

El equilibrio de las fuerzas orgánicas señaladas tiende a delimitar lo que denominamos como *Espacio Vital*, que evidencia la necesidad de que las unidades orgánicas (sean células, átomos, seres vivos, organizaciones o planetas) dispongan de un determinado espacio físico para existir.

A nivel social y organizacional, la existencia de las fuerzas de atracción y centrífuga no han sido claramente formalizadas, pero dada la relación similar existente entre los diversos sistemas orgánicos, podemos inferir que existen. La fuerza de atracción existe, pues las personas tienen la necesidad de estar entre personas, sea físicamente o en una situación moral de conjunción de ideas (Fromm. 1952). La Fuerza Centrífuga por su parte se manifiesta mediante la preservación de la identidad por parte de las personas, y su necesidad de diferenciarse de sus semejantes.

Desde un punto de vista organizacional y social, esas fuerzas se traducen en un equilibrio, no siempre armonioso, que da forma y vida al sistema social. Decimos no siempre armonioso, porque muchas veces el conflicto se instala en en el seno de las diferentes instancias organizacionales y sociales, debido en gran parte, al desequilibrio de las fuerzas orgánicas o la invasión del espacio vital. Así, vemos cómo vivir en grandes ciudades estimula el conflicto entre las personas, ya sea en el tráfico automotor o caminando por el centro de la ciudad, e induce un fenómeno contradictorio: mientras mayor es la densidad de población y más las personas estén expuestas al contacto con otras personas, menor es su disposición a conocerlas o compartir con ellas. La invasión del espacio vital de una persona induce el retraimiento dentro de la persona, con el propósito de preservar su espacio vital.

El desequilibrio entra ambas fuerzas induce conflictos en los sistemas sociales. El *individualismo* (desequilibrio hacia el lado de la Fuerza de Atracción, donde cada individuo se considera más importante que los demás) que tanto pregonan los defensores de la economía de mercado, establece la primacía del individuo sobre el colectivo, creando conflictos entre los individuos, pues cada uno busca su propio beneficio, generando actitudes y comportamientos con diferentes objetivos. Esta situación representa un caldo de cultivo ideal para el surgimiento de conflictos en el colectivo, pues la gran masa de individuos genera acciones diferentes y discordantes entre sí. Cuando una persona se considera más importante que los demás, tiende a menospreciar a las personas, considerando el bienestar propio prioritario, colocando en segundo plano el bienestar de los demás, olvidando que necesita de los demás para vivir, y trayendo el conflicto al plano de las relaciones personales, organizacionales y sociales, pues las otras personas tenderán a velar por sí mismas por analogía.

Si establecemos una analogía del individualismo en el cuerpo humano, podemos darnos cuenta del problema que eso produciría. Imaginemos que cada órgano decide ocuparse solamente de sí mismo, que el corazón se provee de sangre sólo a él y a ciertos órganos, que los demás órganos actúan de igual manera. ¿Cuánto tiempo sobreviviría ese organismo?, muy poco tiempo.

Por otro lado, *el colectivismo* (desequilibrio hacia la Fuerza Centrífuga de cada individuo) establece la subordinación del individuo hacia *el colectivo*, e induce una conjunción de acciones y esfuerzos hacia los demás. Cuando una persona considera a los demás más importantes que sí misma, pasa a subordinar su bienestar al bienestar de los demás, a velar por el bienestar ajeno, olvidando que su bienestar es importante, que necesita estar bien para luchar por el bienestar de los demás, induciendo un desequilibrio en sí misma y en su entorno social.

Preguntamos: ¿Sería posible la vida de un organismo, si cada órgano solamente dirigiera sus esfuerzos hacia los demás sin destinar para sí mismo un poco del fruto de su acción?. Difícilmente sobreviviría. Si el corazón no mandase sangre para sí mismo, o cada uno de los órganos no atendiera sus propias necesidades, el organismo perdería fuerza y sucumbiría.

El equilibrio de fuerzas es necesario para la existencia de todo sistema orgánico.

Si aplicamos este tipo de análisis a los sistemas organizacionales y sociales, podemos afirmar que un equilibrio se revela necesario para el surgimiento de sistemas organizacionales y sociales armoniosos, en donde un objetivo común oriente las acciones de las personas. Es necesaria la existencia de un equilibrio entre lo individual y lo colectivo, que cada persona encuentre dentro de sí la necesidad de orientar sus esfuerzos en alcanzar tanto su bienestar como el de los demás. Si todas las personas actuasen de esta forma, la armonía tendería a sustituir al conflicto como factor común de toda dinámica organizacional y social.

Las situaciones desequilibradas desfavorecen la continuidad de la existencia del sistema, pues el comportamiento individualista es *implosivo* (explota hacia dentro), disminuyendo el servicio que una persona pueda ofrecer a la sociedad. Y el comportamiento colectivista es *dispersivo,* tiende a desagregar el conjunto social, pues estando el centro de atención de forma desequilibrada en los otros individuos, disminuye la cohesión de la organización y de la sociedad, tendiendo las fuerzas sociales a ser centrífugas. *Una situación equilibrada está constituída por el comportamiento de un individuo en donde su bienestar sea tan importante como el bienestar de los demás. Esta situación tiende a sustituir el conflicto por la armonía en la dinámica social.*

El equilibrio está muy relacionado al espacio vital. Un espacio vital adecuado permitirá mantener un equilibrio armonioso. El concepto del espacio vital no implica sólo el espacio físico, sino una serie de condiciones que permitan el pleno desarrollo de una persona u organización: autonomía, poder de decisión, libertad de acción, y ejercicio de la vocación. Toda persona y/o organización necesita un mínimo espacio vital para cumplir de forma adecuada con sus responsabilidades y tareas. Si el espacio vital es irrespetado, el conflicto surge casi inmediatamente en el seno de las relaciones organizacionales y sociales. Un orden organizacional y social inadecuado traerá como consecuencia la invasión del espacio de las personas, conflicto de responsabilidades, excesivo control jerárquico y un poder de decisión insuficiente para cada persona, así como un relacionamiento inadecuado entre las personas, flujo insuficiente de recursos y "falta de comunicación" entra las partes integrantes del sistema.

Es necesario aceptar la necesidad de un equilibrio entre las fuerzas orgánicas y del respeto al espacio vital. La puesta en práctica de ello permitirá la sustitución del conflicto por la armonía, tanto a nivel individual como a nivel organizacional y social, induciendo la tendencia en el individuo de actuar en pro del bienestar de todos (incluyéndose a sí mismo), y el surgimiento de una dinámica organizacional en donde el equilibrio permitirá el desarrollo de todo su potencial al individuo, al grupo, a la organización, a la comunidad y a la sociedad.

4.- GRADO DE ORGANICIDAD DE UNA ESTRUCTURA EN RED

El grado de *organicidad* es un término que establecemos para referirnos al nivel de aproximación del funcionamiento de las organizaciones en general, al nivel de cooperación y armonía que existe en el funcionamiento de los sistemas orgánicos naturales. Mientras más se aproxime la estrucutura organizacional a la estructura armónica, mayor será tal proximidad. Para ello, debemos apelar a recursos matemáticos con el objetivo de representar las estructuras organizacionales de forma matricial.

4.1- Representación Matricial de una Estructura Organizacional

"En muchos fenómenos biológicos y también en las ciencias sociales y del comportamiento son aplicables los modelos y las expresiones matemáticas" (Bertalanffy)

La representación matemática de una estructura en red puede ser hecha en forma de matriz, lo cual permite mostrar las unidades integrantes, la relación entre las unidades que la conforman, y la estructura en general.

Supongamos que existe una estructura en red de n-unidades, los cuales serán denotadas como a_i (i= 1, 2,... n), y existe la posibilidad de que cada unidad a_i pueda relacionarse con el resto de las n-1 unidades. La relación de cada unidad será expresada como a_{ij} que se puede traducir como "la relación de la unidad i con la unidad j". Tal relación tendrá dos valores, los cuales se indicarán de la siguiente manera:

a_{ij} = 0, si la relación de la unidad i con la unidad j perjudica a la unidad j. Este tipo comportamiento lo denominamos de *no cooperativo*.

a_{ij} = 1, si la relación de la unidad i con la unidad j beneficia o si no perjudica a la unidad j. Este tipo de comportamiento lo denominaremos de *cooperativo*.

Observaciones:

- Cuando afirmamos que una unidad perjudica a otra, nos estamos refiriendo a aquel tipo de relación que inhibe el desempeño adecuado de la función de la unidad afectada. Por ejemplo: una célula cancerígena perjudica el desempeño de las células sanas que se encuentran relacionadas con ella y al funcionamiento del organismo en general.
- Cuando afirmamos que una unidad beneficia a otra, nos estamos refiriendo a aquel tipo de relación que ayuda en el desempeño de la función de una célula, o que por lo menos no la perjudica.
- Establecemos como convención que la relación de una unidad consigo misma es cooperativa ($a_{ij} = 1$, para $i = j$), pues partimos del supuesto que una unidad no tiende a perjudicar su propio funcionamiento. A esto lo llamaremos de *principio armonioso individual*, pues permite establecer que una unidad tiende a favorecer su propio funcionamiento y desarrollo.

La expresión de la relación de todas las unidades a_{ij} ($i = 1, 2, \ldots n$; $j = 1, 2, \ldots n$) funcionando en una estructura en red, se expresa en forma de matriz, donde la posición a_{ii} ($i=j$) representa la relación de una unidad consigo misma. Así, la estructura en red se expresa de la siguiente forma:

Matriz A_{ij} de las n-unidades de la estructura en red ($i = 1, 2, \ldots n$; $j = 1, 2, \ldots n$):

$$
A_{nn} =
\begin{vmatrix}
a_{11} & a_{12} & a_{13} & \cdots & a_{1n} \\
a_{21} & a_{22} & \cdots & & a_{2n} \\
\cdot & \cdot & \cdot & & \\
\cdot & & & \cdot & \cdot \\
\cdot & & & \cdot & \\
a_{n1} & a_{n2} & \cdots & & a_{nn}
\end{vmatrix}
$$

Esta matriz estará conformada por valores iguales a 0 y a 1, que representará las relaciones de todas las unidades con el resto de las unidades. Las relaciones simétricas a_{ij} y a_{ji} no son necesariamente iguales, pues una unidad puede perjudicar a otra, mientras que la segunda puede ayudar a la primera. Por ejemplo, una célula cancerígena perjudica a una célula normal, pero esta no perjudicará a aquella, de hecho la ayuda a sobrevivir. En este caso, si definimos la célula cancerígena como "a_1" y la célula normal como "a_2", entonces los términos que definen las relaciones entre las dos células serán: $a_{12} = 0$, que representa la relación no cooperativa de la célula cancerígena sobre la célula normal, y $a_{21} = 1$, que representa la acción de la célula normal sobre la célula cancerígena. Por lo tanto, la matriz A_{nn} no es necesariamente simétrica.

4.2- Definiciones

Definición 1: Una estructura en red está constituída por una serie de unidades similares inter-relacionadas dispuestas a actuar en conjunto.

El punto resaltante de esta definición es la expresión "dispuestas", pues ello representa la facultad que tienen las unidades de actuar de forma cooperativa, pero no está garantizado. Las condiciones están dadas para que lo hagan, pero no es obligatorio. Otro aspecto resaltante se refiere al término "similares", pues establece que la relación entre las unidades está basada en condiciones de igualdad.

Definición 2: Una estructura en red será denominada "Estructura Individualista", si y solamente si, los valores de la relación de las unidades de la matriz A_{nn}, son iguales a cero, excepto aquellos que por definición son iguales a 1 (a_{11}, a_{22}, a_{33}, a_{44} ... a_{nn}).

La estructura individualista establece que cada unidad actúa únicamente en pro de su propio beneficio, perjudicando la función de las otras unidades. La representación matricial de la siguiente forma:

$$A_{nn} = \begin{vmatrix} 1 & 0 & 0 & \cdots & 0 \\ 0 & 1 & 0 & & 0 \\ 0 & 0 & 1 & & \cdot \\ \cdot & & \cdot & & \cdot \\ \cdot & & & \cdot & \\ 0 & 0 & & \cdots & 1 \end{vmatrix}$$

Definición 3: Un estructura en red será denominada "Estructura Cooperativa", si los valores de la relación mutua entre dos unidades dadas (a_{ij} e a_{ji}) son iguales a 1.

En ese sentido, establecemos que basta con que dos unidades cooperen entre sí para definir el carácter cooperativo de la estructura en red.

Definición 4: Una estructura en red será denominada *"Estructura Armoniosa"*, si y solamente si, todos los valores de la relación de las unidades de la matriz A_{nn} son iguales a uno.

La Estructura Armoniosa establece que las unidades interactúan de forma que todas las unidades cooperan entre sí, buscando tanto su propio beneficio como el beneficio de las otras unidades. La representación matricial será:

$$
A_{nn} = \begin{vmatrix}
1 & 1 & 1 & \cdots & 1 \\
1 & 1 & 1 & & 1 \\
1 & 1 & 1 & & \cdot \\
\cdot & & \cdot & & \cdot \\
\cdot & & & \cdot & \\
1 & 1 & \cdots & & 1
\end{vmatrix}
$$

4.3- Grado de Organicidad

El grado de organicidad se determina en base al análisis de la cantidad de valores iguales a 0 y a 1. La mayor cantidad posible de valores iguales a "1" es equivalente al cuadrado del número de individuos que integran la estructura.

Así, una estructura organizacional compuesta por 4 individuos, podrá tener un máximo de 16 valores iguales a "1" [$4^2 = 16$]. Al hacer el modelaje matricial de la estructura nos encontramos con que la matriz tiene doce (12) valores iguales a "1" y cuatro (4) valores iguales a "0". Por lo tanto, la estructura tendrá el equivalente a 75% de organicidad [(12/16) x100=75%]. De esta manera, podemos afirmar que:

> Cuanto mayor sea la proporción de valores iguales a uno en relación
> a la totalidad de valores posibles, mayor será el grado de organicidad,
> y viceversa.

4.4- Diferentes tipos de Matrices organizacionales

A continuación, mostraremos algunos ejemplos de estructuras organizacionales dispuestas en red.

a)   Dos personas actuando en forma competitiva y cooperativa.

Las dos personas estarán representadas por las variables a_1 y a_2, y el relacionamiento entre ellas estará representado por las variables a_{11}, a_{22},

a_{21} e a_{12}. Los valores de a_{11} y a_{22} son iguales a 1 por definición, e las variables a_{12} y a_{21} representan la relación de a_1 con a_2 y viceversa.

* La representación matricial será la siguiente:

$$A_{22} = \begin{vmatrix} a_{11} & a_{12} \\ a_{21} & a_{22} \end{vmatrix}$$

* La representación gráfica será la siguiente:

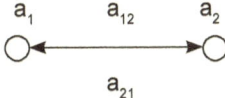

* Si el valor de $a_{ij} = 0$, entonces no se dibuja la flecha sino que se representará como una línea recta. La flecha doble representará una relación cooperativa entre a_1 y a_2.

a.1) Si las dos personas tienen un comportamiento perjudicial para el otro, los valores de las relaciones a_{21} e a_{12} serán los siguientes:

$a_{12} = 0$ (a_1 no coopera con a_2)
$a_{21} = 0$ (a_2 no coopera con a_1)
y, por definición: $a_{11} = 1$; $a_{22} = 1$ (cada uno coopera consigo mismo)

* La representación matricial será la matriz individualista 2x2:

$$A_{22} = \begin{vmatrix} 1 & 0 \\ 0 & 1 \end{vmatrix}$$

* La representación gráfica será:

a_1 ———————— a_2

$\Rightarrow$ Cuando las dos personas o unidades actúan de forma individualista, las unidades involucradas tienen comportamientos aislados en relación a la otra. Por lo tanto, a nivel práctico podemos afirmar que *no existe una estructura en red.*

a.2) Si las dos personas tienen un comportamiento cooperativo, los valores serán:

$a_{12} = 1$ (a_1 coopera con a_2)
$a_{21} = 1$ (a_2 coopera con a_1)
y, por definición: $a_{11} = 1$; $a_{22} = 1$

* La representación matricial será la matriz armoniosa:

$$A_{22} = \begin{vmatrix} 1 & 1 \\ 1 & 1 \end{vmatrix}$$

* La representación gráfica será la siguiente:

$\Rightarrow$ Cuando los dos elementos actúan de forma cooperativa, las unidades involucradas tienen comportamientos beneficiosos hacia la otra. Desde un punto de vista práctico, *existe una estructura en red.*

a.3) En el caso de una persona cooperando con la otra pero sin reciprocidad, los valores serán:

$a_{12} = 1$ (de a_1 coopera con a_2)
$a_{21} = 0$ (a_2 no coopera con a_1)
y, por definición: $a_{11} = 1$; $a_{22} = 1$

* La representación matricial será:

$$A_{22} = \begin{vmatrix} 1 & 1 \\ 0 & 1 \end{vmatrix}$$

* La representación gráfica será la siguiente:

⇒ Cuando sólo uno de los elementos actúa en forma cooperativa, no existe una relación de dependencia entre las dos unidades. Es como si estuviesen actuando en forma independiente. A nivel práctico podemos afirmar que *no existe una estructura en red.*

b)   Tres personas actuando en forma competitiva y cooperativa

Las tres personas estarán representadas por a_1, a_2 y a_3, y la relación entre ellas estará representada por a_{11}, a_{12}, a_{13}, a_{21}, a_{22}, a_{23}, a_{31}, a_{32} y a_{33}. Los valores a_{11}, a_{22} e a_{33}, son iguales a 1 por definición, y el resto de los valores dependerán del tipo de relacionamiento.

* La representación matricial será la siguiente:

$$A_{33} = \begin{vmatrix} a_{11} & a_{12} & a_{13} \\ a_{21} & a_{22} & a_{23} \\ a_{31} & a_{32} & a_{33} \end{vmatrix}$$

* La representación gráfica será la siguiente:

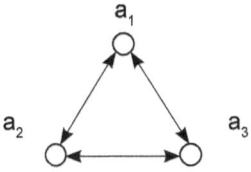

b.1) Si las tres personas tienen un comportamiento individualista, los valores serán los siguientes:

$a_{12} = a_{13} = a_{21} = a_{23} = a_{31} = a_{32} = 0$ (no hay cooperación entre los integrantes) y, por definición: $a_{11} = 1$; $a_{22} = 1$; $a_{33} = 1$ (cada uno coopera consigo mismo)

* La representación matricial será la matriz individualista:

$$A_{33} = \begin{vmatrix} 1 & 0 & 0 \\ 0 & 1 & 0 \\ 0 & 0 & 1 \end{vmatrix}$$

* La representación gráfica será la siguiente:

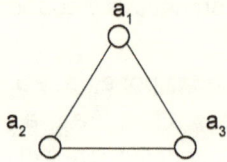

⇒ Cuando las tres unidades actúan de forma individualista, las unidades involucradas tienen comportamientos aislados una de otra. Por lo tanto, *no existe una estructura en red.*

b.2) Si las tres personas tienen un comportamiento cooperativo, los valores serán:

$a_{12} = a_{13} = a_{21} = a_{23} = a_{31} = a_{32} = 1$ (hay cooperación entre a_1, a_2 y a_3)
y: $a_{11} = 1$; $a_{22} = 1$; $a_{33} = 1$

* La representación matricial será la matriz armoniosa:

$$A_{33} = \begin{vmatrix} 1 & 1 & 1 \\ 1 & 1 & 1 \\ 1 & 1 & 1 \end{vmatrix}$$

* La representación gráfica será la siguiente:

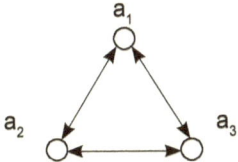

⇒ Cuando las tres unidades actúan de forma cooperativa, las tres unidades involucradas tienen comportamientos beneficiosos para las otras unidades. Por lo tanto, *existe una estructura en red.*

b.3) Si dos de ellos cooperan entre sí (a_1 y a_2), pero el tercero (a_3) tiene un comportamiento aislado, los valores serán:

$a_{12} = a_{21} = 1$ (a_1 y a_2 cooperando entre sí)

$a_{13} = a_{23} = a_{31} = a_{32} = 0$ (no hay cooperación de a_3 con a_1 y a_2)

* La representación matricial será:

$$A_{33} = \begin{vmatrix} 1 & 1 & 0 \\ 1 & 1 & 0 \\ 0 & 0 & 1 \end{vmatrix}$$

* La representación gráfica será:

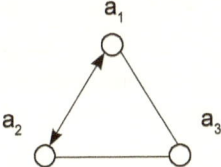

⇒ Cuando dos unidades actúan de forma cooperativa entre sí, algunas de las unidades tienen comportamientos mutuamente beneficiosos. Podemos afirmar que *existe una estructura en red.*

Este caso establece que a pesar de que una de las unidades actúe de forma individualista, las otras dos logran formalizar una estructura en red. Este caso es interesante porque 2 unidades logran formar una estructura en red, aunque un tercer elemento tenga un comportamiento aislado.

4.5- La Representación de la Jerarquía

A continuación, mostraremos dos casos simples de una estructura jerárquica.

a) Caso de Jerarquía no cooperativa

Este caso representa una situación en la cual el jefe se beneficia del trabajo de los subordinados sin cooperar con ellos, y los empleados cooperan con el jefe pero no colaboran entre sí.

Supongamos que existen tres empleados (a_1, a_2 y a_3) y un jefe (a_4) dispuestos para la ejecución de un trabajo. El empleado a_1 tiende a cooperar con los otros los empleados a_2 y a_3, y con el jefe a_4. El empleado a_2 no coopera con a_1, y coopera con a_3 y con el jefe. El empleado a_3 no coopera con a_1 y a_2, pues sólo coopera con el jefe, y el jefe no coopera con ninguno de los empleados. Así, los valores de relacionamiento serán los siguientes:

a_{11} = 1 (a_1 se ayuda a sí mismo) a_{21} = 0 (a_2 no coopera con a_1)

a_{12} = 1 (a_1 coopera con a_2) a_{22} = 1 (a_2 se ayuda a sí mismo)

a_{13} = 1 (a_1 coopera con a_3) a_{23} = 1 (a_2 coopera con a_3)

a_{14} = 1 (a_1 coopera con el jefe) a_{24} = 1 (a_2 coopera con el jefe)

a_{31} = 0 (a_3 no coopera con a_1) a_{41} = 0 (el jefe no coopera con a_1)

a_{32} = 0 (a_3 no coopera con a_2) a_{42} = 0 (el jefe no coopera con a_2)

a_{33} = 1 (a_3 se ayuda a sí mismo) a_{43} = 0 (el jefe no coopera con a_3)

a_{34} = 1 (a_3 coopera con el jefe) a_{44} = 1 (el jefe coopera consigo mesmo)

* La representación matricial será la siguiente:

$$A_{44} = \begin{vmatrix} a_{11} & a_{12} & a_{13} & a_{14} \\ a_{21} & a_{22} & a_{23} & a_{24} \\ a_{31} & a_{32} & a_{33} & a_{34} \\ a_{41} & a_{42} & a_{43} & a_{44} \end{vmatrix} \Rightarrow A_{44} = \begin{vmatrix} 1 & 1 & 1 & 1 \\ 0 & 1 & 1 & 1 \\ 0 & 0 & 1 & 1 \\ 0 & 0 & 0 & 1 \end{vmatrix}$$

* La representación gráfica será la siguiente:

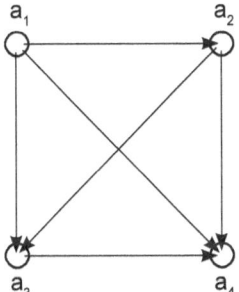

OBS: No se forma una flecha doble

⇒ Este resultado permite establecer que una organización basada en equipos jerárquicos no cooperativos constituye una estructura donde las unidades están actuando de forma separada. Esto se debe al hecho de que las cuatro unidades integrantes tienen un comportamiento relativamente individualista, pues ninguna de ellas tiene un comportamiento mutuamente cooperativo con alguna de las otras unidades, ninguna coopera con aquella que está cooperando con ella (no se forma ninguna flecha doble). Por lo tanto, en la práctica *no existe una estructura en red.*

b) Caso de Jerarquía con tendencia a la cooperación

Ahora vamos a mostrar el caso de 4 unidades relacionados de forma jerárquica, donde dos de ellas cooperan entre sí (pueden ser dos empleados, o el jefe y un empleado. Nosotros tomaremos el caso de un empleado cooperando con el resto de las personas).

Supongamos que existen tres empleados (a_1, a_2 y a_3) y un jefe (a_4) dispuestos para la ejecución de un trabajo determinado. El empleado a_1 coopera con los empleados a_2 y a_3 y con el jefe; el empleado a_2 coopera con a_1 y a_3 y con el jefe; el empleado a_3 no coopera con a_1 y a_2, pues sólo coopera con el jefe, y el jefe no coopera con los empleados (!). Así, los valores de relacionamento serán los siguientes:

$a_{11} = 1$ (a_1 se ayuda a sí mismo) $a_{21} = 1$ (a_2 coopera con a_1)
$a_{12} = 1$ (a_1 coopera con a_2) $a_{22} = 1$ (a_2 se ayuda a sí mismo)
$a_{13} = 1$ (a_1 coopera con a_3) $a_{23} = 1$ (a_2 coopera con a_3)
$a_{14} = 1$ (a_1 coopera con el jefe) $a_{24} = 1$ (a_2 coopera con el jefe)

$a_{31} = 0$ (a_3 no coopera con a_1) $a_{41} = 0$ (el jefe no coopera con a_1)
$a_{32} = 0$ (a_3 no coopera con a_2) $a_{42} = 0$ (el jefe no coopera con a_1)
$a_{33} = 1$ (a_3 se ayuda a sí mismo) $a_{43} = 0$ (el jefe no coopera con a_1)
$a_{34} = 1$ (a_3 coopera con el jefe) $a_{44} = 1$ (el jefe coopera consigo mismo)

* La representación matricial será:

$$A_{44} = \begin{vmatrix} a_{11} & a_{12} & a_{13} & a_{14} \\ a_{21} & a_{22} & a_{23} & a_{24} \\ a_{31} & a_{32} & a_{33} & a_{34} \\ a_{41} & a_{42} & a_{43} & a_{44} \end{vmatrix} \Rightarrow A_{44} = \begin{vmatrix} 1 & 1 & 1 & 1 \\ 1 & 1 & 1 & 1 \\ 0 & 0 & 1 & 1 \\ 0 & 0 & 0 & 1 \end{vmatrix}$$

* La representación gráfica será:

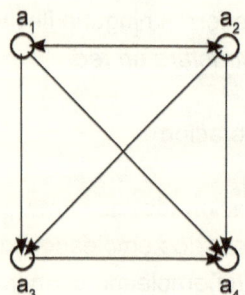

Obs: Se forma una flecha doble entre a_1 y a_2

⇒ Este resultado establece que una organización basada en equipos jerárquicos con tendencia a cooperar constituye una estructura en red, pues dos unidades *inauguran la estructura en red al cooperar entre sí.*

4.6- Conclusiones Parciales

El mismo análisis puede ser aplicado en estructuras matriciales de más unidades. Las herramientas informáticas actuales permiten la realización de tal análisis de una manera sencilla y rápida. Nuestros análisis, con estructuras de hasta 10 unidades, nos permiten llegar a las siguientes conclusiones:

1) En una estructura en red la jerarquía pierde sentido, pues lo importante es la cooperación entre las diferentes unidades, y no el aporte extra que pueda dar la unidad llamada "jefe". Por otro lado, la cooperación permite el surgimiento de un fenómeno que ayuda al cumplimiento de los objetivos establecidos: la sinergia, donde el resultado de la cooperación entre todas las unidades supera la suma de las acciones individuales de todas las unidades.

2) En cualquier estructura individualista, el término "estructura en red" no puede ser aplicado.

3) En una estructura donde al menos dos de las unidades actúen de forma mutuamente cooperativa, el sistema se puede definir como una estructura en red.

4) Cuantas más unidades tiendan a cooperar con las otras unidades, mayor será la *organicidad* de la estructura, y, por lo tanto, mayor será su proximidad al funcionamiento de las estructuras orgánicas naturales. Para las organizaciones, estas características representan mayor flexibilidad, mayor capacidad de adaptación, mayor capacidad de renovación y mayor facilidad de tranformarse y evolucionar.

Habiendo establecido los lineamientos generales del paradigma orgánico a nivel organizacional, pasamos a mostrar su posible aplicación a gran escala. A continuación, mostramos los fundamentos de la Sociedad Orgánica.

CAPITULO 3

La Sociedad Organica

LA PERSPECTIVA ORGÁNICA de la sociedad está integrada por 3 partes claramente diferenciadas: la organización del trabajo, la economía orgánica y las comunidades orgánicas, aspectos que consideramos fundamentales dentro de la dinámica participativa, consciente y cooperativa necesaria para el funcionamiento adecuado de la *Sociedad Orgánica*.

A continuación, presentamos los aspectos relacionados a la perspectiva orgánica en la organización del trabajo.

1.- ORGANIZACION DEL TRABAJO

La organización del trabajo constituye un punto fundamental en la dinámica de toda sociedad. En la presente obra, hasta ahora hemos sugerido algunos aspectos laborales relacionados con la forma como las personas estarían organizadas bajo la perspectiva orgánica, especialmente aquello que tiene que ver con la jerarquía y el control, a ser sustituídos por la coordinación y la consciencia, y en lo relacionado a la organización interna de las unidades de producción y servicios, integrados en forma de red. Sin embargo, consideramos necesario profundizar en esta área.

Hoy en día, los temas relacionados al desempleo estructural de las sociedades industrializadas, la progresiva sustitución de la mano de obra por tecnología, la reducción de la jornada de trabajo para preservar empleos y la ventaja competitiva que tienen algunos países en desarrollo por el costo reducido de su mano de obra, forman parte integral de la agenda del mercado de trabajo, en donde la resolución de los problemas a ser enfrentados para resolver el problema del desempleo supera las consideraciones y opciones que proveen los paradigmas vigentes.

Muchas veces sucede que la implementación de una medida gubernamental dirigida a resolver el problema del desempleo, es seguida por el surgimiento de efectos colaterales inesperados en el mercado laboral. Como ejemplo podemos mencionar la implementación del seguro al desempleo, que, tratando de mantener en el mercado de consumo a las personas desempleadas, es seguido por una situación en donde muchas personas ejercen actividades en el mercado informal, manteniendo los ingresos tanto del seguro al desempleo como el provenido de tal actividad, representando una desviación del objetivo inicial, que era proveer a la persona de un ingreso que le permitiera mantener su nivel de vida mientras consigue otro empleo de igual nivel al anterior.

Tales efectos colaterales tienden a ser enfrentados mediante la implementación de nuevas medidas, que a su vez generarán otros efectos colaterales, y así sucesivamente, estableciéndose un círculo vicioso, fruto en gran parte del análisis racional y fragmentado de la realidad.

Se requiere de una perspectiva diferente para analizar la realidad, no sólo del mercado laboral, sino también de la sociedad en general, en donde el análisis específico de una situación determinada sea complementado con un análisis global que permita obtener una visión panorámica de la situación, y poder tomar medidas adecuadas y pertinentes. Pero, para ello es necesaria una forma diferente de observar la realidad.

1.1- Incorporación de la Tecnología al Trabajo

Perspectiva Vigente

Desde la época de la segunda Revolución Industrial, la incorporación de tecnología al aparato productivo ha sido siempre vista como una amenaza a la estabilidad de las personas y como causa de destrucción de muchos empleos, aún cuando ello permita que la sociedad se beneficie de una serie de ventajas relacionadas a un aumento de la productividad y una mejora en la calidad de los productos.

El surgimiento de toda tecnología incorporada al aparato de producción ha buscado, en gran parte, sustituir al ser humano en las actividades rutinarias, aquellas en las cuales un movimiento repetitivo a lo largo de muchas horas puede ser efectuado por una máquina. Desde el punto de la persona que es sustituída, esto hasta puede representar un alivio, pues tales actividades no representan ningún tipo de crecimiento a nivel personal ni conducen a nada trascendental, salvo por el hecho de que les provee de un salario para sobrevivir. Desde el punto de vista de la teoría económica, la innovación tecnológica es beneficiosa, pues además de aumentar la productividad, las personas sustituídas tienden a migrar hacia otras industrias, abaratando el costo de la mano de obra, y eliminándose una serie de deficiencias que afectan la calidad del producto.

Sin embargo, debido al ritmo acelerado de la innovación tecnológica actual, la generación de nuevos empleos no es suficiente para compensar el aumento de la sustitución de personas que son sustituidas por sistemas automatizados, induciendo un desempleo estructural. El sistema económico-productivo tiende a la automatización general, donde el hombre acompaña o supervisa el proceso de producción, dejando a las máquinas la ejecución del trabajo físico o manual.

Si analizamos el sistema económico-productivo bajo los paradigmas actuales, nos enfrentamos con una situación paradójica, que se traduce en una situación conflictiva. Por un lado, el hombre necesita trabajar para formar parte de un sistema económico y tener un ingreso que le permita disfrutar de las ventajas del sistema. Por otro lado, progresivamente se ha ido sustituyendo el hombre por la máquina, lo cual induce la pérdida de empleos y el respectivo ingreso.

Bajo los paradigmas actuales, la paradoja reside en que, por un lado, el hombre necesita ser productivo para tener un ingreso y poder sobrevivir, y por otro lado, el hombre está siendo sustituido por una tecnología que no genera suficientes empleos para absorber la mano de obra que está siendo sustituida. Así, el ser humano se encuentra en una situación en donde tiende a no poder ejercer una actividad útil a la sociedad ni tener un ingreso que le permita formar parte de los *incluidos*. A los excluidos se les ofrece un seguro al desempleo temporal, pero el nivel de exclusión tiende a crecer. Pero, ¿cuántos desempleados puede soportar una sociedad?.

La sociedad moderna también enfrenta otras paradojas igualmente importantes:

a) La incorporación tecnológica permite aumentar el nivel de productividad, permitiendo una mayor disponibilidad de bienes y servicios para la población, pero cada vez más aumentan las personas que nos los pueden adquirir (los desempleados que se transforman en excluidos);

b) La incorporación tecnológica permite evitar que el ser humano desempeñe actividades rutinarias y repetitivas, permitiéndole (hipotéticamente) ejercer actividades más acordes con su realización personal, pero el sistema le exige buscar un empleo que le permita seguir siendo productivo, sin importar si éste es rutinario o repetitivo.

La sociedad industrial no ha sabido lidiar adecuadamente con una realidad que establece la sustitución del hombre por la máquina, permitiendo un proceso de adaptación que le permita continuar su realización como persona. Convivimos con una innovación tecnológica que no ofrece respuestas acerca de aquellos que son sustituídos por ésta. La incorporación tecnológica permite aumentar la productividad y evitar que el ser humano realice actividades rutinarias, pero no da respuestas posteriores. La sociedad aprovecha la incorporación tecnológica para producir más bienes y servicios, y de mejor calidad, pero no establece consideraciones acerca de como aprovechar el tiempo libre recién adquirido en pro de su desarrollo personal, y seguir manteniendo un ingreso que le permita cubrir sus necesidades.

Los paradigmas sobre los cuales está basado el sistema económico vigente, no permiten concebir que la tecnología pueda sustituír al ser humano y que, paralelamente, éste pueda aprovecharlo para dedicarse a actividades no productivas.

Perspectiva Orgánica

La perspectiva orgánica comienza por abordar cuestiones relacionadas con el papel del trabajo en la sociedad y en el ansia de realización de las personas.

Si observamos la sociedad como una estructura orgánica, no podemos considerar que una parte de ella deba ser marginada mientras que otro sector disfrute de sus beneficios, ni que debamos sacrificar a unos en detrimento de otros, y menos aún, justificar que unos puedan cubrir sus necesidades con creces mientras otros apenas pueden sobrevivir. La perspectiva orgánica no permite separar a los integrantes de la sociedad en beneficiados y oprimidos, pues la sociedad está compuesta por todos y cada uno de ellos.

¿Podríamos imaginarnos una situación en el cuerpo humano en donde una parte disfrute de la comida que ingiere, mientras el resto a duras penas puede sobrevivir?, ¿Podríamos visualizar el crecimiento de sólo una parte del cuerpo, como una pierna, o el cuello, o incluso la cabeza, mientras el tórax se mantiene esquelético?. Esto a todas luces presenta una situación anormal. Si describiéramos un cuadro así, cualquier persona respondería casi inmediatamente que esta persona está sufriendo de alguna enfermedad, prbablemente cáncer. El cuerpo de una persona sana muestra armonía entre sus partes y desarrollo equilibrado.

Esto representa en buena medida la perspectiva orgánica, donde todos y cada uno de los integrantes de la sociedad son importantes para el sistema.

Si la sociedad goza de bienestar económico, entonces los beneficios deben ser disfrutados por todos sus integrantes, pero si ésta pasa por una situación de estrechez económica, entonces todos los ciudadanos deberán sufrir la contracción de forma equilibrada. Todas las personas son consideradas integrantes del mismo ser vivo. El bienestar de éste y el bienestar de todos son dependientes y están íntimamente relacionados.

1) El papel del trabajo

En una sociedad orgánica, el trabajo será visto como el medio que permite a la persona brindar un servicio a la sociedad, como una forma de recibir el servicio de otras personas y como un vehículo para lograr su propia realización personal mediante el ejercicio de su vocación. A través del trabajo, el hombre consciente establecerá su contribución a la sociedad y al bienestar de las otras personas. Toda persona será al mismo tiempo protagonista y acompañante, suplidor y recibidor de servicio. La sociedad necesitará de cada individuo tanto como éste necesitará de la sociedad. No existirá la dicotomía entre individuo y sociedad, porque a final de cuentas, *el individuo es la sociedad*. Al dar un servicio a la sociedad, él estará brindando un servicio a sí mismo.

El trabajo no será visto como una carga que el individuo deba soportar para sobrevivir, sino como un medio para alcanzar su satisfacción, provenida de dos fuentes: el ejercicio de su vocación (disfrutando de la actividad que ejerce para vivir) y la consciencia de rendir un servicio a la sociedad.

Todas las personas necesitan de ropa, comida, vivienda, de objetos materiales y servicios realizados por los demás, para vivir. El objetivo es organizar un sistema que permita distribuir los bienes y servicios que las personas necesitan de forma *libre, igualitaria, justa y consciente. Libre,* porque cada persona debe tener un acceso irrestricto a ellos; *igualitaria,* porque todos tienen los mismos derechos y deberes; *justa,* porque la justicia genera armonía en la sociedad; *y consciente,* porque cada persona actuará de manera consciente para no recibir más de lo que necesita para satisfacer sus necesidades.

2) Incorporación de la Tecnología

La incorporación de la tecnología para sustituir al ser humano en actividades repetitivas y rutinarias, le permitirá desempeñar actividades que conduzcan a su realización personal. Esta incorporación le permite deslastrarse de una actividad que se revela inadecuada para su progreso personal, y dedicarse a ejercer su vocación para coadyuvar en el funcionamiento adecuado de la sociedad, no sólo para involucrarse en la producción de bienes y servicios materiales, sino también para ejercer cualquier actividad que contribuya al desarrollo de la sociedad. La tecnología permitirá libertar al ser humano de actividades materialmente necesarias para satisfacer las necesidades de las personas, y sustituírlas por actividades que conduzcan también al crecimiento espiritual. Lo espiritual se refiere a todo aquello que alimenta el espíritu humano, y *esto puede abarcar prácticamente cualquier actividad que sea ejercida con el corazón.* En ese sentido, podemos incluir dentro de esta categoría el arte, la investigación, las labores altruístas, la escritura, la enseñanza, la artesanía, en fin, cualquier actividad de la dimensión humana.

Por otro lado, la incorporación tecnológica permitirá satisfacer las necesidades materiales de todos los integrantes de la sociedad, sin por ello desplazar de los beneficios materiales a aquellos que no ejercen actividades materialmente productivas. La tecnología permitirá producir en grandes cantidades, suficientes para atender las necesidades de toda la población, sin los límites impuestos por una serie de figuras creadas por el hombre moderno para organizar el sistema económico, tales como el mercado, el precio, el costo, la eficiencia, etc. *Simplemente se producirá hasta que no sea necesario producir más.*

3) Vocación

El ciudadano consciente encontrará su realización personal en la medida en que: sea útil a la sociedad, consiga satisfacer sus propias necesidades, contribuya en la satisfacción de las necesidades de los demás, ejerza su vocación y crezca permanentemente a nivel personal y espiritual.

La sociedad orgánica establecerá la motivación del individuo como parte fundamental del trabajo a ser realizado, por lo cual es fundamental que todos puedan ejercer su vocación. Toda persona tiene alguna actividad que saber hacer mejor, con la que se siente más a gusto, por la habilidad que demuestra y por la pasión con la que se entrega al realizarla.

La tecnología permitirá que muchas actividades sean efectuadas por máquinas, permitiendo a las personas ejercer su vocación. Si se presenta el caso de que una actividad sea rutinaria que no esté automatizada, necesaria para cubrir una necesidad a nivel de la sociedad, sea porque todavía no existe la tecnología apropiada para ello o por la falta de recursos para aplicarla en gran escala, los ciudadanos (conscientes de la necesidad de ejercer tal actividad) harán concesiones para alternarse organizadamente en el desempeño rotativo y temporal de tal actividad. Así, habrá doble rotatividad: la persona rota entre la actividad necesaria y su vocación, y varias personas se rotan para cumplir con tal actividad, en medio de una dinámica en donde la solidaridad y la consciencia ejercerán un papel regulador, fundamental para el funcionameinto de la sociedad.

¿Cómo se podrá definir la vocación de las personas?. Una posibilidad será mediante un proceso educacional que permita ayudar a determinar y desarrollar las habilidades y tendencias vocacionales de las personas, desde que entran en la escuela, recibiendo instrucción en diferentes actividades, para después tener la posibilidad de escoger libremente, en base a criterios tales como vocación, libertad, consciencia, habilidades personales y necesidades sociales.

4) Distribución

Una vez definido el papel del trabajo, de la incorporación tecnológica y de la vocación, pasamos a delinear como será la distribución de la riqueza, en un sistema que no mostrará distinción entre los ingresos de las personas, sea por el tipo de actividad ejercida o por el nivel intelectual que se requiere para realizar el trabajo. Todos tendrán los mismos derechos y deberes, pues aquel que realiza un trabajo altamente calificado desde un punto de vista tecnológico o intelectual, necesita de cada una de las otras personas que forman parte del sistema para poder efectuar su trabajo y "entregarlo al sistema".

Existen algunas convenciones iniciales que merecen ser resaltadas:

a) Los integrantes de la Sociedad Orgánica son personas conscientes que luchan por el bienestar suyo y de los demás;

b) Todos los integrantes de la sociedad o de la comunidad tienen derecho a un bienestar material que les permita tener una vida digna;

c) La prioridad económica es el suministro igualitario de los bienes y servicios producidos;

Todas las personas tienen derecho al ejercicio de su vocación, a menos que decidan, *de forma consciente*, ejercer otro tipo de actividad por motivos relacionados con el trabajo socialmente necesario. Por ejemplo, que la incorporación de la tecnología no sea suficiente, y se requiera de mano de obra adicional para suministrar los bienes y servicios necesarios.

A partir de estas convenciones, hemos establecido el carácter igualitario en la distribución de los bienes y servicios que produzca el sistema orgánico.

Bajo ningún motivo se justificará la desigualdad distributiva por motivos ideológicos, o por eficiencia económica, o por cuestiones relacionadas a los avances tecnológicos. El único motivo que puede justificar algún tipo de desigualdad es la cesión consciente de su derecho, por parte de un ciudadano que considere que otra persona necesita más que él. Es decir, por cuestiones humanitarias. *La excepción a la distribución igualitaria se dará por una cuestión de consciencia, y no por determinación del sistema económico.*

5) La Consciencia de lo necesario

El ciudadano consciente no tratará de obtener más bienes materiales de los que necesita para vivir. Él tendrá derecho a recibir del sistema económico los bienes y servicios que requiere para vivir dignamente, así como también tendrá el derecho de rendir un servicio a la sociedad, consciente de sus responsabilidades y de la importancia del ejercicio de su actividad laboral para el bienestar de los demás. Pero no recibirá más de lo que necesita ni tenderá a acumular innecesariamente. La consciencia de lo necesario evitará la producción innecesaria de bienes y servicios.

Por otro lado, la consciencia de los ciudadanos establecerá un sistema que les permitirá realizar la actividad socialmente necesaria para alcanzar un estado de bienestar general. Así, *se establecerá un sistema en donde el trabajo esté regido no por la carga horaria, sino por el trabajo socialmente necesario.* El ciudadano consciente no permanecerá en el lugar de trabajo 8 horas diarias, sino por el tiempo que su propia consciencia le indique para rendir un servicio a la sociedad que le permita mantener un equilibrio entre su propio bienestar y el bienestar de los demás, pudiendo éste ser más o menos de 8 horas.

6) Organización de las Unidades de Producción

La organización de la producción se realizará basada en la producción de Comunidades Orgánicas conectadas en red inspiradas en la estructura orgánica, conformando un gran sistema de unidades de producción destinado a satisfacer las necesidades de la sociedad.

La necesidad de un sistema de información preciso que pueda sustituir el sistema de precios de la economía de mercado, se revela fundamental para implantar un sistema de distribución adecuado a las convenciones señaladas. Por otro lado, surge la interrogante de como la Sociedad Orgánica podrá estimular el aumento de la productividad, la innovación tecnológica y el aumento de la eficiencia, Por ello, antes de abordar el sistema de organización de las unidades de producción, pasamos a establecer los principios generales de la *Economía Orgánica.*

2.- ECONOMIA ORGANICA

La producción y distribución de bienes y servicios en una economía orgánica buscará establecer una alternativa en relación a la economía de mercado, en base a la estructuración de un sistema que lidie de forma satisfactoria con la producción y distribución de bienes y servicios a gran escala, incluyendo factores tales como la distribución justa e igualitaria de la riqueza generada, armonía, cooperación y comportamiento consciente de sus integrantes.

2.1- Ineficiencia de la Economía de Mercado

La *motivación* fundamental en el sistema de la economía de mercado es la búsqueda del lucro, que surge como consecuencia del interés individual de los agentes económicos. El *incentivo* fundamental es la satisfacción de sus propias necesidades, y el *mecanismo* fundamental es la competencia, que determina la producción y distribución de bienes y servicios en gran escala.

Pero sucede que la economía de mercado es un orden socio-económico surgido en el siglo XIX, que somete al hombre a un orden basado en la compra y venta de mercadurías, siendo estas representadas por prácticamente cualquier factor que pueda ser ofrecido bajo la forma de intercambio. El origen de esta sumisión está en la imposición de un sistema capitalista bajo el espectro del hambre, y no en base a la seducción de las tendencias naturales de asociación del ser humano (Polanyi. 1997).

El interés individual no es necesariamente representativo de la esencia natural del hombre, invalidando así la imposición de un sistema económico que se revela totalitario en sus bases, eliminando la posibilidad del surgimiento de otra alternativa (Marcuse. 1973). En ese sentido, Polanyi afirma que "si examinamos la historia de la civilización humana, nos encontramos con que el hombre no actúa como defensor de su interés individual, sino más bien como defensor de su posición social, de sus reivindicaciones sociales, de sus activos sociales" (Polanyi. 1997: 235), cuestionando así, la justificación del interés individualista del ser humano como un elemento natural y determinante de su comportamiento.

En relación a la competencia, ésta es un fenomeno presente en la naturaleza que ocurre "cuando los recursos o materias primas necesarios para la síntesis, crecimiento o supervivencia, son limitados o se vuelven escasos"[10] (Nicoles e Prigogine. 1977: 429), surgiendo así, un cuestionamiento fundamental a uno de los íconos de la economía de mercado: la competencia, pues no es una situación natural ni generalizada, ya que ocurre en situaciones de escasez.

Nosotros consideramos que la *competencia* y el *comportamiento individualista* del hombre tienen cierta base natural en determinadas situaciones específicas, pero que han sido utilizadas en el sistema económico vigente como paradigma para generalizar una situación en donde los círculos de poder tienden a ejercer acciones totalitarias en beneficio de sus propios intereses. Éstos se han convertido en convenciones que coadyuvan a mantener un sistema de producción y distribución de bienes y servicios a gran escala, pero que ignoran la necesidad de establecer factores como la igualdad, la cooperación y la solidaridad entre las personas para obtener resultados adicionales altamente satisfactorios para la naturaleza humana.

La economía de mercado supone la escasez de recursos y define al ser humano como individualista, para lidiar con la producción y distribución de bienes y servicios a gran escala, pero evidencia su incapacidad para enfrentar la desigualdad en la repartición de los bienes y servicios producidos. Así, partiendo de convenciones convenientes, pero no necesariamente verdaderas, se establece un sistema de producción y repartición de recursos que se muestra negligente ante factores que sí tienden a ser reales, como la cooperación entre las personas y la solidaridad del ser humano.

Con respecto a la desigualdad en la distribución de la riqueza, esto puede sugerir una de dos situaciones: sea que los bienes producidos son insuficientes para satisfacer las necesidades de la población, o que los bienes producidos son suficientes pero son mal distribuidos. Desde un punto de vista ético, cualquiera de las dos situaciones es cuestionable. La primera, porque no existe motivo para producir menos de lo que se necesita. La segunda, porque la mala distribución revela una una falta de consideración ante aquellos valores que pregonan la dignidad de las personas. Si la existencia de las desigualdades socio-económicas se justifica para mantener un sistema que no satisface las necesidades de toda la población, entonces este sistema debe ser cuestionado y modificado o implemente ser sustituído.

---

[10] "Competition is a very general phenomenon in nature. It occurs whenever the resources or raw materials necessary for sinthesis, growth or survival, are limited or become scarce"

Si pudiéramos mostrar que los recursos y materias primas son suficientes para satisfacer las necesidades de la población mundial, entonces podríamos decretar la invalidez de la economía de mercado como sistema económico a ser mantenido, y eliminar la competencia como justificación principal de su existencia. Pero no vamos a dedicarnos a la tarea de mostrarlo, sino que vamos a recurrir a un trabajo que muestra la ineficiencia del sistema económico vigente para prevenir el hambre, aún en presencia de suficientes alimentos. Amartya Sem, Premio Nobel de Economía-1998, analizando las diferentes causas del hambre en diversas partes del planeta (Africa sub-sahariana, Asia y América Latina) afirma que:

> "una persona puede ser reducida al estado de inanición si algún cambio económico la imposibilita de adquirir un paquete de mercadurías con suficiente comida. Esto puede suceder sea por la caída en la dotación (por ejemplo la alienación de la tierra, o la pérdida de la capacidad de trabajar por enfermedad), o debido a un cambio desfavorable en las condiciones de intercambio (por ejemplo pérdida del empleo, caída de los salarios, aumento de los precios de la comida, caída del precio de los bienes o servicios ofrecidos por la persona, reducción de las previsiones de la previdencia)[11]" (Drèze e Sen. 1990: 3).

Todos los factores que menciona están relacionados a la forma como el sistema económico está organizado. Después agrega:

> "Es fácil establecer que el problema de adquisición es realmente fundamental a las cuestiones relacionadas con el hambre y la inanición en el mundo moderno"[12] (Drèze e Sen. 1990: 34-35)

---

[11] "A person can be reduced to starvation if some economics change makes it no longer possible for him or her to acquire any commodity bundle with enough food. This can happen either because of a fall in endowment (e.g. alienation of land, or loss of labour power due to ill health), or because of an unfavourable shift in the condition of exchange (e.g. loss of employment, fall in wages, rise in food prices, drop in the price of goods or services sold by the person, reduction of the social security provisions)"

[12] "It is easy to establish that the acquirement problem is really central to questions of hunger and starvation in the modern world"

Sen muestra cómo la producción de comida ha superado la tasa de crecimiento de la población (cifras de la FAO-1985) y, sin embargo, el hambre se ha intensificado en algunas partes del mundo.

El caso de la alimentación muestra como el sistema económico se revela ineficiente para asegurar una adecuada distribución de recursos. Con el objetivo de establecer una distribución aparentemente eficiente de recursos, el hombre es reducido a una situación ilusoria de permanente falta de recursos (mediante la competencia), aún cuando el nivel de recursos haya aumentado.

2.2- Economía Orgánica

1) El Incentivo Orgánico: La Consciencia

En una Sociedad Orgánica, el incentivo fundamental de las personas continuará siendo la satisfacción de sus propias necesidades, pero dado que las personas tendrán un nivel de consciencia orgánico, *dentro de sus necesidades estarán incluídas las necesidades de los demás.* Ellas no se considerarán entes aislados del resto de la sociedad. Ellas considerarán que son la sociedad, y por lo tanto, sus necesidades incluirán las necesidades de las otras personas. Cada uno considerará su bienestar tan importante como el bienestar de los demás. Más específicamente, dentro de su bienestar estará el bienestar de los demás.

Así, en una sociedad compuesta por personas cuyo comportamiento esté dirigido por el nivel de consciencia orgánico, se aceptará un sistema en donde la distribución igualitaria y armoniosa de los bienes y servicios vendrá acompañado por una repartición eficiente, generando el funcionamiento adecuado del sistema.

El punto más importante a este nivel es crear un sistema de repartición de recursos suficientemente efectivo, eficaz y preciso, para que la distribución de los bienes y servicios a gran escala sea equilibrada.

2) El Sistema de Precios

Para llevar a cabo el establecimiento de una economía orgánica, es necesario establecer un sistema de información preciso, que pueda sustituir el sistema de precios de la economía de mercado.

Friedman (1971) afirma que el problema económico puede ser subdividido en 5 grandes problemas íntimamente relacionados: fijar patrones; organizar la producción; distribuir el producto; proveer la manutención del progreso económico; y ajustar a corto plazo, el consumo y la producción. El sistema de precios ejerce "tres tipos de función para solucionar los 5 problemas (...) ellos transmiten información, efectiva y eficientemente; crean un incentivo para que los usuarios de los recursos se guíen por esa información y proporcionen un incentivo a los dueños de esos recursos, para que sigan tal información" (Friedman. 1971: 12). Más adelante agrega que "el problema que un sistema de precios resuelve es extremamente complicado, envolviendo la coordinación de las actividades de millones de personas en todo el mundo, y su ajuste rápido a condiciones constantemente mutables. El sistema de precios es un artificio extremamente sutil y complejo para la resolución de ese problema" (Friedman. 1971: 13).

En el análisis de Friedman no se establece ninguna consideración relacionada a la distribución justa y/o igualitaria de los bienes y servivios producidos. El discurso sólo gira en torno a un sistema de información que lidia con el uso adecuado de los recursos económicos, tanto del punto del productor como del consumidor, para su repartición eficaz y eficiente, sin tocar el aspecto redistributivo. Este sistema es eficaz y eficiente para distribuir bienes y servicios, pero no incluye valores adicionales, como una distribución *justa* o *equitativa*.

Nosotros objetamos que el discurso económico se restrinja solamente al aspecto de la distribución eficaz y eficiente, pues el sistema no está formado por recursos, bienes y servicios, sino por personas que requieren de ellos. Los valores humanos, y no aquellos exclusivamente racionales, deben estar a la orden del día para superar aquellas deficiencias del sistema que atentan contra un futuro digno de todos los integrantes de la humanidad.

Explicamos nuestra objeción mediante un caso hipotético. Supongamos que existen diez personas, potencialmente consumidoras, 2 de las cuales tienen la posibilidad de adquirir 3 unidades de un bien X producido (necesarios para la vida, digamos un alimento); otras 4 personas tienen la posibilidad de adquirir una unidad del mencionado bien; y las otras 4 personas no tienen posibilidades de adquirirlo. Desde el punto de vista económico, se produjo una distribución eficaz y eficiente del bien X, pues se produjo un ajuste de precios que permitió que 10 unidades fueran consumidas. PERO tal sistema no permitió que el 40% (4 personas) de las personas que necesitaban de ese bien pudieran adquirirlo.

Por lo tanto, cuestionamos la economía de mercado y planteamos la necesidad de crear otro sistema o artificio que pueda sustituir el sistema de precios, que sea capaz de enfrentar y resolver cuestiones relacionadas a la distribución igualitaria de bienes y servicios, además de los 5 problemas económicos señalados.

Coordinación y Ajuste

Friedman menciona dos características fundamentales para el sistema de información vigente: coordinación y ajuste. ¿Cómo podremos establecer un sistema de coordinación y ajuste que lidie de manera satisfactoria con aspectos relacionados a la distribución igualitaria?.

El sistema de precios de la economía de mercado está directamente relacionado al interés individual, pues los agentes económicos tratan de obtener el mayor lucro posible en una dinámica en donde el criterio de establecer un precio adecuado se basa en obtener ganancias sin ser sacado del mercado por la competencia. Así, la cadena de interés individualista se esparce por todo el sistema, enfrentando hasta cierto punto la complejidad de lidiar con tantas variables y agentes económicos simultáneamente. Pero, si analizamos con más profundidad la situación, al aceptar el sistema de precios, reconocemos nuestra incapacidad para estabelecer un sistema de información que permita manejar adecuadamente la producción, distribución y consumo de bienes y servicios, dejándole a los mecanismos del mercado la capacidad limitada de resolver tales problemas.

Preguntamos: ¿Podemos ser lo suficientemente osados para tratar de crear un sistema que lidie con los problemas económicos, tratando de introducir aspectos de corte igualitario?, ¿podemos ser lo suficientemente arriesgados para cuestionar el orden vigente y establecer un sistema que incluya la *igualdad* en el orden económico?. Si la respuesta es positiva, debemos sustituir el principio modelador del orden actual, el interés individualista, por un principio mucho más amplio: el interés consciente.

3) El Sistema de "Costos"

El principio del interés consciente permite que las personas se sientan responsables por el bienestar de los demás, aceptándolos como parte de sí mismos.

El sistema de costos parte del siguiente principio: al ofrecer un bien o servicio a otra(s) persona(s), la persona se preguntará: ¿qué precio debo pedirme a mí mismo por este bien o servicio?. La respuesta será probablemente igual al costo de tal bien o servicio. Por lo tanto, todas las personas conscientes tenderán a ofrecer el bien o servicio que ofrecen, su aporte a lfuncionamiento adecuado de la sociedad, a precio de costo, porque ellas pedirán el precio que ellas pedirían a sí mismas. *De esta manera, el precio de los bienes y servicios a ser ofrecidos en una economía orgánica tenderá a ser igual al precio de costo.*

De acuerdo a los paradigmas económicos vigentes, el sistema de costos es inviable, pues no será posible satisfacer el interés individualista de los accionistas de la empresa, o realizar aquellas inversiones que permitan aumentar el nivel de productividad, o aumentar el nivel de producción, etc. Ciertamente, bajo la óptica de los paradigmas actuales no es posible. Pero, nosotros no estamos tratando de mantener el sistema vigente. Estamos tratando de establecer otro tipo de paradigmas con el objeto de organizar un sistema en donde una determinada población pueda producir, distribuir y consumir los bienes y servicios que necesitan para vivir.

Supongamos que un empresario necesita realizar una serie de inversiones para mejorar la producción. Desde el punto de vista económico vigente, al producir a precio de costo no tendrá los recursos necesarios para realizar tales inversiones. Desde el punto de vista orgánico, el costo de tales inversiones puede ser incluído en el costo de producción del bien o servicio ofrecido. En realidad, parece ser la expresión de una misma situación pero invirtiendo el orden de los acontecimientos. Bajo los paradigmas actuales, él necesitará tener ganancias para realizar las inversiones futuras, mientras que, bajo los paradigmas orgánicos, las inversiones estarán incluídas en los costos futuros. Desde el punto de vista ético, la segunda actitud es más justificable que la primera, pues en ésta el empresario actúa por interés individualista, y en la segunda se ocupa de mejorar la producción en beneficio de la sociedad.

Pero, si no existen ganacias, ¿Por qué un empresario estaría interesado en reducir los costos?. Por una cuestión de consciencia, porque su bienestar (bajo la perspectiva orgánica) incluye el bienestar de los demás, como si estuviera vendiéndose a sí mismo y a su familia. ¿Por qué un empresario estaría interesado en incorporar tecnología y aumentar la productividad?. Para beneficiar a los integrantes de la sociedad, aumentando la capacidad de satisfacer a cada vez más personas.

Realicemos el siguiente ejercicio de imaginación: supongamos que es necesario organizar la producción de una familia, en donde cada persona está encargada de producir un bien para el resto de la familia. En principio, ninguno vendería a los integrantes de su propia familia tratando de obtener ganancias, sino que venderían a precio de costo, buscando el beneficio de sus familiares, y al mismo tiempo, obtendría de sus familiares el resto de los productos a precio de costo. Desde el punto de vista de la producción, cada integrante estará interesado en aumentar la productividad, reducir el costo del producto o mejorar la producción, para beneficiarse a sí mismo y a la familia.

Pues bien, ese es el objetivo principal de la perspectiva orgánica: *considerar que todos formamos parte de la misma realidad, en donde es necesario establecer, como prioridad fundamental, la satisfacción de las necesidades de todos los integrantes de la sociedad.*

Pero, todavía continúa presente el sistema de precios, que al menos ya fue reducido a sistema de costos. Antes de proceder a la sustitución del sistema de precios como instrumento que coordina y ajusta el sistema económico, es necesario hacer un análisis del mecanismo de competencia de la economía de mercado, y sustituirlo por un proceso cooperativo, propio de una estructura orgánica.

4) Competencia y Cooperación

La teoría económica establece que la competencia permite reducir costos, asegurar la libre disponibilidad de bienes y servicios, incorporar nuevas tecnologías y aumentar la productividad, en una ilusoria situación de escasez de recursos suficientes para abastecer a toda la población.

Se supusiéramos que no existe tal escasez de recursos, podríamos establecer otro tipo de proceso que permita alcanzar los mismos objetivos, además de incluir aspectos relacionados a la perspectiva orgánica, como la igualdad y la cooperación.

Dentro de la concepción económica vigente, los productores forman parte de una dinámica en donde la búsqueda de ganancias es parte de la concepción "natural" del sistema, llevando a cabo prácticas como propaganda buscando perjudicar a la competencia y conquistar mayor porción del mercado, en una disputa en donde el interés individualista sirve como incentivo para justificar tales prácticas. En realidad, además de encarecer el producto, tales prácticas son inarmónicas, pues inducen una dinámica de inestabilidad basada en una lucha sin vencedores, dada la exigencia de mantener la competencia.

Cooperación

Dentro de la concepción orgánica de la sociedad, en una determinada área económica, proponemos que los productores de un mismo producto conformen una red cooperativa de suministro, comprometiéndose todos a velar por la suficiencia del producto, por la calidad del producto y por las mejoras en el sistema productivo. Explicamos con un ejemplo:

Supongamos que existen 100 consumidores reales para un determinado producto, y existen 10 empresas que producen y suministran tal producto. Las empresas esatblecen una red de suministro para satisfacer las necesidades de las 100 personas, mediante un proceso cooperativo en donde el precio es *justo* (en el sentido de vender el producto a precio de costos reales de producción, y no por costos adicionales relacionados con comportamientos competitivos, como propaganda, marketing, etc). Tales empresas se repartirán por consenso un sector determinado de la población, y realizarán el suministro del producto. No necesariamente todas las empresas venderán al mismo precio, pues en el precio de costo estarán incluídos factores tales como el transporte, la logística de distribución, o incluso factores relacionados a la producción. Tales empresas compartirán tecnología, y suplirán unas a otras en caso de falla de alguna de ellas.

Las objeciones a tal sistema bajo los paradigmas actuales son los siguientes:

a) **Objeción:** ¿Por qué un empresario tendría interés en producir un bien determinado si no puede obtener ganancias?. **Respuesta ogánica:** por una cuestión de aporte a la sociedad, de satisfacción de producir y suministrar un producto del cual las personas necesitan, para rendir un servicio a la sociedad.

b) **Objeción:** dada la falta de competencia, las 10 empresas no se ocuparán de mejorar la calidad del producto, reducir los costos o aumentar la productividad. **Respuesta orgánica:** el nivel de consciencia de los productores inducirá justamente el efecto contrario, tratando de mejorar continuamente el servicio que aportan a la sociedad.

c) **Objeción:** la diferencia de precios entre las empresas producirá que aquella con precio más alto saldrá del mercado. **Respuesta orgánica:** las 10 unidades de producción formarán una red cooperativa de suministro del producto, tendiendo a compartir la tecnología de producción. Estas producirán para cubrir sus costos, y las diferencias de precio se deberán a factores relacionados con el costo diferenciado del producto, de acuerdo a las características de producción de cada unidad. Los consumidores estarán conscientes de la relación cooperativa de las unidades de producción, lo cual permitirá confiar en un precio justo. Si una persona decide optar por el producto de otra unidad de producción, probablemente el costo de traslado hasta el lugar geográfico de la otra unidad equivaldrá a la diferencia entre el producto suministrado por la unidad más próxima. Por otro lado, no valdrá la pena hacerlo, pues la calidad del producto tenderá a ser la misma, dado el carácter cooperativo de la red de productores.

En resumen, el sistema económico vigente está basado en el interés individualista para moldear actitudes y determinar comportamientos racionales del ser humano. El sistema orgánico establecerá el interés consciente como factor orientador del comportamiento humano. El interés consciente continuará siendo el interés individual de las personas, pero el alcance de la individualidad incluirá el resto de las personas, reconociéndolas como parte de sí mismas.

5) Sistema de Información Orgánico

Una característica importante en la estructura orgánica es el flujo de información permanente entre sus unidades. Desde el punto de vista económico, las unidades pueden ser catalogadas como unidades productoras, distribuidoras y consumidoras. Pero el punto de vista orgánico es diferente, pues las unidades productoras también son consumidoras y eventualmente distribuidoras, y lo mismo se aplica a las unidades distribuidoras y consumidoras. Todas, de alguna forma, producen, distribuyen y consumen. Las personas también pueden ser consideradas como productoras (de su trabajo), distribuidoras y consumidoras. Consideramos mejor establecer que las unidades forman parte de una dinámica en donde el libre intercambio de recursos y de información es parte de su esencia.

En una estructura orgánica, el flujo de información es *completo,* en el sentido de que está disponible toda la información necesaria para el funcionamiento de cada unidad; *permanente,* pues cualquier cambio es inmediatamente comunicado; *pertinente,* pues la información que se da es útil; y *traslacional,* en el sentido de que cada unidad sirve también como canal de información hacia otras unidades, formando parte de la cadena de comunicación entre dos unidades distantes.

La coordinación y el ajuste serán los objetivos fundamentales del sistema de información, tanto para la organización del trabajo como de la producción.

Sistema de Información de la Producción

El sistema de información de la producción permitirá conocer la disponibilidad y las necesidades de los bienes y servicios a ser producidos y distribuidos, mediante el flujo constante de información sobre las necesidades de los ciudadanos, y los insumos de las unidades de producción y distribución.

Para ello, será necesaria la implementación de un sistema que permita conocer de antemano las necesidades de producción. Desde el punto de vista tecnológico, consideramos que no existe mayor problema para la creación de tal sistema de información. La cuestión importante será la logística del sistema, pues surgen las siguientes interrogantes: ¿Cómo conocer las necesidades de los ciudadanos?, ¿Cómo comunicar esa información a las unidades de producción y distribución de los bienes y servicios?, ¿Será mejor hacerlo mediante una planificación previa al suministro del producto o mediante un proceso *en línea*?, ¿Cuánto tiempo de anticipación es necesario para que las unidades productoras obtengan la información de los ciudadanos?.

En el sistema de información orgánico, debe definirse previamente lo que será denominado *unidad de tiempo*, que tiene dos momentos claramente definidos: el inicio, en donde las unidades productoras reciben la información concerniente a las necesidades de los ciudadanos; y el final, en donde la unidad productora suministra el bien o servicio requerido por los ciudadanos. Dado el carácter cooperativo del sistema orgánico, consideramos que el sistema de información a ser implementado deberá tener dos facetas: condiciones normales, en donde la información es enviada por los ciudadanos a las unidades productoras y/o distribuidoras, en los momentos estipulados por la unidad de tiempo, permitiendo la planificación de la producción; y condiciones extraordinarias, mediante un proceso *en línea,* destinado para aquellas situaciones no previstas en el proceso normal.

El proceso será, en líneas generales, el siguiente: en el momento de ser instalado el sistema de información, se define la unidad de tiempo (que puede ser de un día, una semana, un mes, un trimestre, etc) al inicio del cual los usuarios (personas y unidades) comunicarán sus necesidades a las unidades productoras y distribuidoras pertinentes. La unidad de tiempo no será la misma para cada bien o servicio, pues dependerá de las características particulares de cada área (por ejemplo: los productos alimenticios requieren menos tiempo de entrega que la ropa). La responsabilidad de cada uno de los involucrados en el proceso será como se indica a continuación:

a) Usuario: tendrá la responsabilidad de dar la información de sus necesidades a las unidades productores y/o distribuidoras pertinentes, al inicio de la unidad de tiempo. En el caso de que éste requiera la misma cantidad del producto para el período siguiente, no será necesario que contacte a la unidad correspondiente, y se repetirá el pedido anterior.

b) Unidades suministradoras: tendrán la responsabilidad de procesar la información y atender el pedido solicitado. En el caso de no poder atender el pedido, se pondrá en contacto con la red de unidades que suministran el producto, para atender el pedido.

Características del Sistema de Información

Descentralizado: habrá tantas unidades de producción y/o distribución como sean necesarias para atender las necesidades de los ciudadanos, y tendrán la autonomía necesaria para cumplir con su misión.

Igualitario: todos los ciudadanos tendrán el mismo derecho de recibir los bienes y servicios solicitados, y al mismo tiempo, todos tendrán derecho a hacer lo que consideren conveniente para suministrar a la sociedad de los bienes y servicios de los cuales son responsables.

Planificado: los ciudadanos y unidades deberán suministrar la información de los bienes y servicios que necesiten, al inicio del proceso. En el caso de aquellos servicios que no necesiten de información a ser suministrada (por ejemplo: la electricidad), se realizarán las previsiones pertinentes del caso. De esta manera, con la información disponible en el momento adecuado, las unidades productoras y distribuidoras podrán planificar adecuadamente la producción y suministro del producto, pudiendo incluso producir un pequeño excedente para cubrir cualquier necesidad puntual no procesada por el sistema de información.

Ventajas y Dificultades del Sistema de Información Orgánico

Ventajas

- La transmisión de información será inmediata y precisa.
- La planificación de la producción será más fluida, eliminando el excedente o la escasez de bienes y servicios.
- La distribución de productos se dará de forma precisa, eliminando la acumulación de inventarios.
- Dado que los productores conforman una red, será posible fijar estándares de calidad de los productos ofrecidos.
- Se incluirán aspectos relacionados a la repartición igualitaria de bienes y servicios.
- Debido a que la información sobre las necesidades de los usuarios se realizará al inicio de cada unidad de tiempo, la coordinación y ajuste se harán de forma inmediata.

Dificultades

- La operacionalización del sistema de información, pero es factible desde el punto de vista tecnológico. El punto fundamental es permitir el libre acceso de todas las personas al sistema.
- El proceso de educación a impartir en los usuarios de suministrar la información oportuna de sus necesidades.
- Las unidades de producción deberán implantar un sistema de información que permita recibir los pedidos en gran cantidad, procesar la información y determinar si la producción puede cumplir con la demanda; en caso contrario, se recurrirá a otras unidades de la red.
- Cambio ideológico del sistema actual al sistema de información orgánico. Todo cambio, y más aún de esta magnitud, requiere de un período de adaptación, en donde las personas deben aceptar las ventajas del nuevo sistema y dejar de lado el sistema anterior.

Para establecer el sistema señalado, se requiere un cambio de paradigmas, que permita establecer una economía orgánica que sustituya la economía de mercado, con todos los obstáculos que ello representa: vencer la inercia propia de la situación vigente, romper con la tradición mercantilista, convencer a las personas de los beneficios del sistema, y fragilizar los centros capitalistas de poder.

Cuando un sistema hace un llamado al nivel de consciencia de las personas, este va dirigido al corazón, y no a la razón. Todo llamado sincero al corazón siempre mejorar las condiciones actuales y propiciar libertad.

3.- COMUNIDADES ORGÁNICAS

"Los actos libres (o espontáneos) son siempre
fenómenos de abundancia"
Erich Fromm

Si analizamos la organización de la sociedad moderna, podemos percibir que se encuentra fundamentada alrededor de los grandes centros urbanos, que está signada por los paradigmas individualista y burocrático-mecanicista, y que, en general, la dinámica de la vida de las personas consiste en trabajar para generar ingresos suficientes que les permita gozar de un bienestar material adecuado.

Pero, como se puede apreciar, el sistema vigente no ha permitido garantizar la igualdad de oportunidades ni el confort material para muchos sectores de la población mundial, ni siquiera en los países desarrollados. Por otro lado, la misma dinámica representa un riesgo para la preservación del medio ambiente, necesaria para permitir la continuidad del sistema.

El paradigma individualista atenta directamente contra una visión orgánica y global de la realidad, y el paradigma burocrático-mecanicista no permite el surgimiento de organizaciones que puedan lidiar adecuadamente con las fuentes de motivación del hombre, o con la flexibilidad y la capacidad de adaptación necesarias para sobrevivir en situaciones de incertidumbre y de grandes cambios (como sucede hoy en día). Además, la economía de mercado no estimula el surgimiento de ciudadanos conscientes de su realidad, ni comportamientos cooperativos y solidarios que nos lleven por el camino del bienestar general.

Para estimular el surgimiento de una sociedad basada en principios armoniosos, se revela necesario un cambio de paradigmas, y en la agenda deben incluirse aspectos relacionados con el nivel de consciencia y la necesidad de considerar comportamientos cooperativos. Nosotros consideramos que con una organización social apropiada, un nivel de consciencia adecuado, y la información y los estímulos pertinentes, puede establecerse un orden social en donde el paradigma orgánico moldee una nueva forma organizarse socialmente.

Un orden social fundado sobre principios armoniosos debe partir de una organización social que pueda atender las necesidades de los individuos, que mantenga la cohesión necesaria para que todos trabajen por un objetivo común, permitir que las personas den lo mejor de sí mismos, incentivar el crecimiento personal y profesional del individuo y promover la cooperación como forma de alcanzar el bienestar general.

Uno de nuestros objetivos es realizar una propuesta de organización basada en un comportamiento consciente de las personas, que induzca una dinámica en donde el bienestar material ofrecido por la sociedad moderna, vaya a la par de comportamientos cooperativos de las personas, buscando alcanzar el bienestar general. Dadas las innumerables fuentes de conflicto que presentan los centros urbanos y los paradigmas que rigen la sociedad moderna, el objetivo de nuestra propuesta se dirige hacia la sustitución de la ciudad moderna por comunidades más pequeñas, en donde puedan llevarse a cabo planes para introducir la flexibilidad, la interdependencia y los comportamientos cooperativos como formas de alcanzar el bienestar general. Nuestra propuesta se basa en el establecimiento de *Comunidades Orgánicas*.

3.1- Precedentes

Como Darib-Drabkin (1962) afirma, la comunidad surge gracias al deseo de igualdad en el hombre y a la lucha por una sociedad basada en la justicia, la libertad y la igualdad. Pero ellas no surgen espontáneamente, "se necesitan circunstancias excepcionales, necesidades urgentes y cambios revolucionarios en la sociedad para sacar a los hombres de su rutina habitual y ayudarlos a vencer sus dudas sobre la vida colectiva" (Darin-Drabkin. 1962: 21). Fue así que surgieron las comunidades pre-históricas, las comunidades cristianas primitivas, los monasterios de la Edad Media, la aldea feudal, las comunidades religiosas modernas, las comunidades socialistas utópicas (Robert Owen en Inglaterra y Charles Fourier en Francia), el koljós soviético, el ejido mexicano, las comunidades campesinas chinas y el kibbutz israelí (Darin-Drabkin. 1962).

La comunidad representa un hecho común en la historia de la humanidad, pues la interacción y la mutua colaboración son fundamentales en la convivencia social. Fue en los últimos 300 años del siglo XX que el capitalismo desplazó el sistema comunitario de organización, forzando a las comunidades a manifestarse en grupos aislados. Las comunidades seculares (de tipo utópico socialista) no duraron tanto como las religiosas debido al factor humano, pues las comunidades religiosas fueron organizadas con personas unidas por una fe común, y trabajaban intensamente, mientras que las comunidades socialistas fueron organizadas por individuos reunidos al azar sin ningún criterio de selcción. Sólo el kibbutz continúa existiendo hoy en día como ejemplo de una comunidad secular voluntaria, basada en la propiedad, producción y trabajo colectivos, destinada a satisfacer las necesidades del individuo y de la comunidad.

3.2- Las Comunidades Orgánicas

Las Comunidades Orgánicas son definidas como *comunidades integradas de forma consciente y voluntaria, con el objetivo de convivir bajo principios armoniosos, ofreciendo a sus integrantes los medios y condiciones de sustentación necesarios para cubrir sus necesidades materiales, sociales y espirituales, siempre teniendo como objetivo el bienestar individual y general.*

La Comunidad Orgánica se inspira en el kibbutz israelí, para ofrecer una opción de organización social diferente a los grandes centros urbanos, para que el *Hombre Consciente* pueda vivir, estudiar, trabajar, y crecer personal, social y espiritualmente de forma integrada al resto de la realidad social que le rodea, en una dinámica donde el equilibrio entre el bienestar individual y el bienestar colectivo será prioritario. Pero se diferencia de éste en su carácter universal e integrador, ya que toda persona con un nivel de consciencia adecuado podrá formar parte de esta comunidad. El establecimiento de las comunidades orgánicas pretende estimular la solidaridad entre las personas y desarrollar la cooperación como parte de un orden global.

La Comunidad Orgánica partirá del principio que la realidad puede ser modelada como una estructura orgánica, con propiedades integradoras de las unidades que la conforman. Así, en vez de la sociedad estar fundamentada alrededor de los grandes centros urbanos, estará fundamentada por las comunidades orgánicas integradas en red.

Partiendo del principio que la sociedad puede ser organizada en forma de red, la Comunidad Orgánica atenderá las necesidades del individuo en la medida en que esté integrado a la comunidad, íntimamente relacionados al bienestar individual y el colectivo. Así, la Comunidad Orgánica establecerá una dinámica en donde tanto el bienestar del individuo como el de la comunidad orientarán las decisiones y las acciones de la unidad organizacional.

El bienestar del individuo implicará tanto el aspecto material como el bienestar espiritual, que incluye el interés humano por áreas diferentes del aspecto material. La espiritualidad puede abarcar el arte, la investigación, el altruísmo, el bienestar de los demás, el voluntariado, el desarrollo de la consciencia, la amistad, el Amor por los semejantes, el reconocimiento de la armonía del Universo... en fin, toda la gama de la experiencia humana diferente de los material.

Varias Comunidades Orgánicas podrán producir de forma integrada, los bienes y servicios necesarios para que todos sus integrantes puedan disfrutar de bienestar material, social y espiritual.

Organización del Trabajo

Partiendo de una dinámica comunitaria en red con otras comunidades, como forma de alcanzar el bienestar general, la distribución será realizada en base a principios de consciencia orgánica, en donde las necesidades de la comunidad y el ejercicio de la vocación de las personas encuentren un equilibrio adecuado.

La estructura de la producción burocrática tradicional de las unidades de producción dará paso a una estructura orgánica formada por unidades flexibles y funcionales que se autoregularán en base a las necesidades de la comunidad y a las posibilidades de producción. No existirán jefes ni subordinados, sino coordinadores de cada tarea a ser ejecutada, seleccionados por consenso gracias a su experiencia, conocimiento y capacidad de liderazgo.

Cada individuo ofrecerá su servicio a la comunidad, y a cambio recibirá el servicio de los otros integrantes de la comunidad, sea este representado por bienes, servicios, ayuda o cooperación, en medio de una dinámica integradora donde todo individuo podrá ejercer su vocación.

La circulación del dinero será desincentivada, y se establecerán "horas de producción equivalentes" de acuerdo a la necesidad que la comunidad tendrá del trabajo de cada uno, teniendo cada individuo la resonsabilidad de ejercer su trabajo *socialmente necesario*. Así, se establecerán horas equivalentes entre las diferentes actividades. Todas las tareas serán igualmente importantes, pero los trabajos de naturaleza diferente requerirán diferentes niveles de dedicación. Por ejemplo, 6 horas de trabajo en el área de hortalizas podría equivaler a 7 horas de trabajo en el departamento de administración, surgiendo la necesidad de establecer diferencias en el momento de definir el trabajo socialmente necesario de cada miembro, dependiendo de cada sector. Consideramos que las personas no tenderán a resentir la diferencia de horas dedicada a los diferentes tipos de trabajo, pues estarán ejerciendo su vocación.

Para explicarnos mejor, recurrimos a un ejemplo: supongamos que la comunidad necesita mensualmente de 500 horas de trabajo en el campo y de 300 horas de trabajo administrativo para funcionar adecuadamente. La comunidad establecerá esa equivalencia como el trabajo socialmente necesario, y se establecerán patrones de producción para alcanzar la cuota en cada área, determinándose el número de personas que se necesitarán para su ejecución. La distribución de tareas entre las personas se realizará de forma consciente, no impidiendo a nadie ejercer la actividad correspondiente a su vocación. En el caso de que haya exceso o escasez de horas-personas en determinada área, se establecerán turnos de forma de poder lidiar con la necesidad de producción y el ejercicio de la vocación. Dado que las comunidades estarán integradas por personas conscientes, consideramos que el proceso de ajuste se hará de forma espontánea y de mutuo acuerdo entre las personas involucradas, para ceder parte de horas en activides relacionadas con el ejercicio de su vocación, y así dedicar más horas a otras actividades en beneficio de la comunidad.

La existencia de la unidad coordinadora del trabajo será fundamental, pues ésta determinará la distribución del trabajo, junto con los miembros de la comunidad. Así, si una persona no está satisfecha con una determinada actividad, esta podrá resolver la situación con los miembros que integran su unidad de trabajo, o podrá acudir a la unidad coordinadora para solicitar un cambio.

Procesos de Decisión

Los procesos de decisión serán realizados en base a la consciencia de lo que es mejor para la comunidad. Consideramos que, con los estímulos adecuados y una organización social apropiada, los hombres dejan de ser perjudiciales a sus semejantes en un nivel de consciencia orgánico, y pueden superar el individualismo. De esta manera, las decisiones podrán ser tomadas por consenso, y no por procedimientos democráticos que den como resultado la preferencia de las mayorías, dejando una minoría perdedora y marginada del encanto de luchar por un objetivo perseguido por la comunidad. El conflicto forma parte de los procesos de decisión de la sociedad moderna, gracias al confrontamiento de posiciones basadas en una perspectiva fragmentada, alejadas de una perspectiva global de la situación. Tenemos la convicción que toda discusión puede ser regida por principios conscientes (de lo que es mejor para todos), y obtener así resultados que manifiesten la voluntad general. Porque, si una decisión conduce al bienestar general, ¿cómo podría no ser tomada por consenso?.

Sin embargo, existen ocasiones en las cuales no es posible tomar una decisión por consenso, debido a diversas razones. En ese caso, se elevará una consulta a lo que denominaremos como "Consejo de los Notables":

Consejo de los Notables

El Consejo de los notables estará integrado por aquellas personas que, por su integridad, experiencia, sabiduría y criterio reconocidos, hayan demostrado la capacidad de tomar decisiones por el bienestar general de la comunidad. Este será elegido por consenso por los integrates de la comunidad. Consideramos que un número adecuado de integrantes será de 12 personas.

La comunidad estará dispuesta a analizar las recomendaciones surgidas del Consejo, consciente de que la decisión tomada estará dirigida a beneficiar a la comunidad.

3.3- Tipos de Comunidades Orgánicas

Cada Comunidad Orgánica tendrá su propia identidad y vocación, en cuanto a los bienes y servicios a ser producidos. Aún cuando cada comunidad tenderá a producir una variedad determinada de productos, cada una tendrá al menos un producto principal, que se ofrecerá como intercambio a las otras comunidades.

Existirán comunidades cuyo producto principal será el cultivo de productos agropecuarios, en otras serán los productos manufacturados, productos de alta tecnología, e incluso habrán otras que ofrecerán como su producto principal la investigación, en una dinámica integradora y cooperativa.

La organicidad el sistema permitirá sustituir el mercado moderno, pues la propia interacción de las comunidades permitirá reconocer la necesidad de complementarse unas con otras de forma para cubrir sus necesidades, siempre teniendo como norte el bienestar general.

Hasta ahora hemos señalado los aspectos más importantes de la Sociedad Orgánica, mediante la aplicación de los conceptos del paradigma orgánico a la organización del trabajo, a la economía y a la organización en comunidades. Falta delinear los aspectos principales del cuerpo político de la sociedad: el Estado. A continuación establecemos los principios del *Estado Orgánico*.

CAPÍTULO 4

El Estado Orgánico

EXISTEN DOS CORRIENTES sobre el estudio del Estado. Una corriente histórico-inductiva, representada por Aristóteles, Vico, Hegel, Marx y Engels, que muestra el Estado como una estructura organizacional y política que surge de la complejidad de la sociedad, destinado a mantener el orden vigente y, por lo tanto, el sistema de clases; y una corriente lógico-deductiva, representada por Hobbes, Locke, Kant y Rousseau, que afirma que el Estado es el resultado político-institucional de un contrato social que permite a los hombres obtener el orden y el respeto de la propiedad y de los contratos a cambio de su libertad (Bresser Pereira. 1995).

1- EL ESTADO COMO UN ESTADO DE CONSCIENCIA

En la antiguedad se habla del Estado como la mejor organización de la sociedad (Platón, Aristóteles y la escuela de los sofistas), aquella que permite a los individuos y a las clases sociales realizar la idea de justicia en la medida de lo posible, dando a cada uno lo que por derecho le pertenece. Durante la Edad Media, la disputa se centró en la supremacía de la Iglesia sobre el Estado y viceversa, siendo el primero la comunidad temporal e histórica, y el segundo la comunidad espiritual que se encuentra en la historia, pero que proviene de ésta. Durante el Renacimiento ocurre una transformación radical en la concepción del Estado, exigiéndose su separación de la Iglesia como consecuencia de la formación de los Estados Nacionales y como reacción contra el dominio de la Iglesia. Así, el Estado es expropiado de su fundamento divino y entra en la temporalidad de la historia.

Durante los siglos XVII y XVIII predomina la teoría del Estado como pacto, sea en el sentido del contrato realizado por los hombres para evitar la lucha de todos contra todos (Hobbes), o como renuncia al egoísmo producido por el estado antinatural de la civilización y consecuente sumisión a la voluntad general (Rousseau). Spinoza ve el Estado como la comunidad de hombres libres, aquella organización de la sociedad que garantiza la libertad de pensamiento y profesión de la religión. Kant establece que el Estado debe estar constituído como una organización establecida por pacto y contrato regida por la ley, sin dar importancia a su origen histórico. La filosofía romántica alemana identifica Estado y Nación, que es el lugar donde el espíritu objetivo se realiza plenamente, una vez superada la oposición entre la familia y la sociedad civil.

Durante el siglo XIX, la discusión sobre el Estado se debate entre el individualismo y el colectivismo. En el primero, éste es visto como el equilibrio entre la tensión de las voluntades particulares, mientras que en el segundo, el equilibrio viene como resultado de la eliminación de éstas voluntades. Para el marxismo, el Estado representa el dominio de una clase, desapareciendo éste mediante la abolición de clases una vez alcanzada la dictadura del proletariado.

Como puede observarse, la visión del Estado ha variado a lo largo de la historia de la humanidad. El hombre determina la naturaleza del Estado de acuerdo a su percepción sobre la realidad, a través de los lentes que le permitan definir la realidad de una forma comprensible y representativa de sus valores y formas de entendimiento. El Estado no constituye una entidad monolítica que permanece incólume a lo largo de la historia. Éste cambia de acuerdo a los valores éticos y morales del hombre. Así, si el hombre ve la realidad de forma conflictiva, el Estado será el resultado de un proceso conflictivo. Si el hombre ve el universo como un gran mecanismo de reloj, el Estado y la Sociedad serán vistos como tales. Si el progreso de la sociedad es visto como resultado de una lucha de clases, el Estado surgirá como consecuencia de esa lucha. La forma como se considere el Estado y lo que éste represente ante la sociedad, pertenece más a la esfera de la percepción del hombre de lo que realmente es, *el Estado será lo que el hombre determine que éste deba ser.*

De acuerdo a estas consideraciones, podemos establecer que el Estado pertenece más a un estado de consciencia del hombre que a su propia naturaleza interna. Por lo tanto, *la naturaleza del Estado se manifiesta de acuerdo al nivel de consciencia del hombre.* Su esencia corresponde a la manera como el hombre percibe la realidad.

2- EL ESTADO MODERNO Y EL CAMBIO

El Estado Moderno surgió como parte de las aspiraciones de una sociedad que comenzó a ver la realidad de acuerdo a los paradigmas modernos. De esta manera, el hombre moderno estableció un orden relacionado con su interpretación del universo: racional, funcional, mecanicista, jerárquico, representativo y democrático.

Los paradigmas modernos económicos y políticos vigentes que indujeron la aparición de la economía de mercado y de la democracia liberal, surgieron a partir de los valores presentes en la consciencia moderna, los cuales aparecieron en un período histórico determinado (Polanyi. 1997). Por otro lado, los paradigmas modernos no incentivan el cambio ni la evolución de las instituciones. Éstos se autolegitiman y establecen un orden totalitario en sus bases internas, refutando las alternativas (Marcuse. 1973).

No podemos evitar pensar en la posibilidad de que el hombre haya elevado su nivel de consciencia en los tiempos que corren, y continúe aferrado a una serie de conceptos, paradigmas e instituciones que se muestran desfasados con esta realidad.

La evolución es un fenómeno que ocurre en todas las manifestaciones de la naturaleza, y el hombre no escapa de ella. Por lo tanto, aún cuando los paradigmas vigentes desincentiven el cambio, tanto el hombre como sus creaciones, incluyendo las instituciones sociales y el Estado, tienen la tendencia *natural* de evolucionar. Aunque el orden establecido sea totalitario en sus bases, el sistema deberá evolucionar si el hombre eleva su nivel de consciencia, en su forma de ver la realidad y en sus aspiraciones. Pero, ¿cómo saber si el nivel de consciencia general ha aumentado?, ¿cómo saber si las instituciones constituyen un lastre pesado que debe ser sustituído por una carga más ligera, adecuada al nuevo paso del caminante?.

Una señal puede ser percibida en el sentimiento de caducidad y de funcionamiento defectuoso de un sistema, mostrando la necesidad de una mejora (Kuhn. 1996). Otra señal puede estar constituída por el surgimiento de un paradigma que sea más pertinente que el paradigma vigente para explicar la realidad, permitiendo verla desde una perspectiva más amplia[13].

Si nosotros comenzamos a ver la realidad de una forma diferente, como una estructura orgánica en vez de como una máquina, podríamos cuestionar el orden vigente. ¿Qué nos lleva a pensar que el Estado Moderno deba ser sustituído por un Estado diferente?. Una respuesta posible es que los

---

[13]   Como en el caso de la Teoría de la Relatividad y el caso de la Teoría Newtoniana, en donde la primera permitió ver la realidad de una forma diferente, explicando los fenómenos ya abordados por la teoría vigente, y permitiendo explicar nuevos fenómenos

paradigmas que le dieron origen estén siendo sustituídos por otros paradigmas, con características más armoniosas, holísticas y globales.

Por otro lado, el sentimiento de caducidad del Estado Moderno está a la orden del día de los proyectos de reforma destinados a mejorarlo. Continuamente surgen propuestas dirigidas a mejorar el aparato burocrático del Estado, mostrando la necesidad de mejorar su funcionamiento, y así dar respuesta a las expectativas de la sociedad.

Es necesario preguntarse si existe una forma diferente de reformular las instituciones modernas públicas, considerando la posibilidad de que sean observadas bajo una óptica diferente, bajo una *perspectiva orgánica*.

Partiendo de la consideración de que la realidad organizacional humana puede ser vista como una estructura orgánica, y que el comportamiento del ser humano puede ser motivado por un nivel de consciencia orgánico, podemos aspirar a diseñar instituciones públicas en sintonía con una realidad armoniosa, permitiendo presentar una perspectiva en donde la Sociedad y el Estado puedan ser abordados de forma orgánica.

3- EL ESTADO ORGÁNICO

Dentro de la concepción orgánica de la sociedad y de sus instituciones, tanto la sociedad como el Estado constituyen estructuras orgánicas, en donde sus unidades interactuarán espontáneamente dentro de la dinámica social. El Estado Orgánico constituirá una estructura con funciones bien determinadas, las cuales serán:

a) Proveer las condiciones necesarias para el cumplimiento adecuado de las funciones de las otras unidades, y

b) Intervenir cuando sea necesario para la resolución de un problema que impida la interacción espontánea de dos o más unidades.

La función principal del Estado será asegurar el correcto funcionamiento de la estructura en general, como la unidad coordinadora general. El Estado ogránico cumplirá la función de permitir y garantizar el desempeño adecuado de las demás instituciones. No asumirá un papel protagonista ni interventor de la dinámica social, sino que acompañará el proceso natural de las estructuras sociales, coordinará el funcionamiento de la estructura, y contribuirá para que cada unidad cumpla su función. Así, el Estado Orgánico quedará libre de una serie de prerrogativas modernas, que pasarán a estar bajo la responsabilidad de las personas y unidades que constituyen la sociedad.

El Estado Orgánico tendrá la función permanente de monitorear el funcionamiento de la Sociedad Orgánica, y garantizar su buen funcionamiento. La figura 4.1 muestra la Sociedad Orgánica, el Estado Orgánico, y dos unidades (A y B) que, en el caso de que sea necesario, verán resueltos sus problemas por parte del Estado, para restablecer el flujo de recursos y de información para su adecuado funcionamiento.

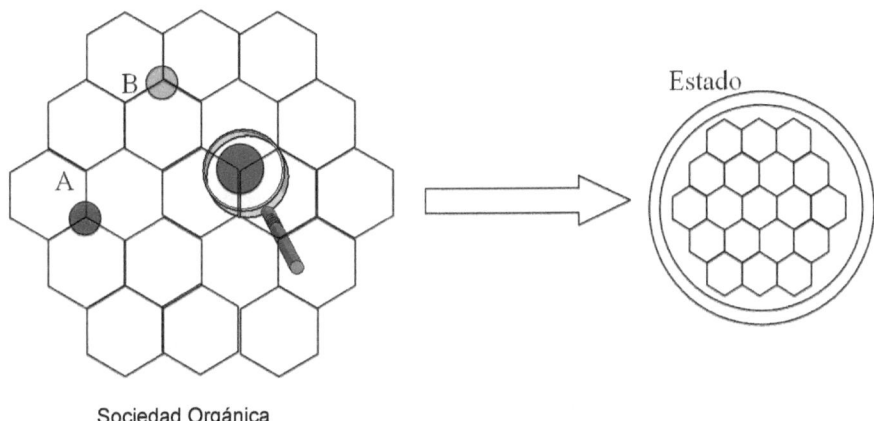

Sociedad Orgánica

Fig. 4.1: La Sociedad Orgánica y el Estado Orgánico

Dentro del proyecto destinado a la implementación de la Sociedad Orgánica, el Estado servirá como la unidad coordinadora general, y estimular la libre interacción entre las demás unidades.

4.- LA EVOLUCIÓN DEL ESTADO MODERNO AL ESTADO ORGÁNICO

La evolución del Estado Moderno al Estado Orgánico debe ser implementada en tres etapas claramente diferenciadas, en donde el Estado irá modificando tanto sus funciones como su estructura y funcionamiento.

4.1- Primera Etapa

En esa etapa inicial, el Estado reconoce, junto con la Sociedad, la necesidad de seguir adelante en la implementación de un modelo de organización social basado en principios orgánicos. El Estado implementará aquellas medidas que conduzcan a la modificación de su estructura, funcionamiento y papel ante la sociedad

El principio de autonomía se instalará en el proceso de instauración del sistema orgánico social, en donde el Estado reconocerá su papel como intermediador, facilitador y coordinador del proceso, para proveer las condiciones que conduzcan al establecimiento de la Sociedad Orgánica, y las diversas instituciones sociales asumirán la iniciativa y liderazgo del nuevo tipo de organización social. La provisión de tales condiciones incluye:

- Instauración de un régimen jurídico en donde se establecerán los principios orgánicos como alternativas de organización social
- Implementación de Políticas Públicas destinadas al establecimiento de Comunidades Orgánicas
- Implementación de un sistema informatizado en red, que permita el libre flujo de información, conocimiento y recursos entre los diferentes sectores de la población
- Delegación progresiva de ciertas responsabilidades del Estado Moderno hacia las Comunidades Orgánicas
- Establecimiento de programas de educación y conscientización sobre el paradigma orgánico

La Estructura Orgánica formará parte integral del proyecto de implementación de las Comunidades Orgánicas. Por lo tanto, el Estado asumirá un comportamiento orgánico en ese proceso. Recordemos que la jerarquía será sustituida por la coordinación de funciones, y que el liderazgo pasará de unidad en unidad de acuerdo a las tareas a ser ejecutadas. El Estado no asumirá un comportamiento burocrático ante el proyecto, donde las decisiones van de "arriba hacia abajo" o tomando el control de la situación, sino que coordinará y proveerá las condiciones necesarias para su implementación y funcionamiento.

El Estado facilitará el proceso que conduzca a la asimilación estructural de su nueva identidad orgánica, en donde la descentralización, la autonomía, la flexibilidad y las relaciones en red, determinarán una forma diferente de ejercer su función. En principio, sugerimos las siguientes medidas:

a) El aparato estatal tradicional desplazará sus organismos a cada uno de los estados federados o provincias (de acuerdo al país), llevando a cabo la verdadera descentralización de la administración pública, mediante la creación de "mini-ministerios" en cada estado, despareciendo el ministerio central burocrático tradicional. Los mini-ministerios armonizarán sus políticas públicas y la forma de implementarlas, asumiendo su identidad orgánica, mediante la ejecución dde sus tareas en forma de red. En esta primera etapa, el organismo burocrático tradicional del ministerio será sustituído por una entidad encargada de coordinar las funciones de los diferentes mini-ministerios.

b) Las relaciones jerárquicas serán sustituídas todas por relaciones de coordinación, en todos los órganos de la Administración Pública, estimulando así el trabajo en equipo y el funcionamiento en red. El liderazgo alternativo, la flexibilidad y la integración determinarán la forma de ejecutarse.

Manutención del Orden y Respeto de los Contratos

En relación a la manutención del orden y el respeto de los contratos, estos dependen más del nivel de consciencia de cada persona y a su relación con las otras personas, que a procesos coercitivos externos, sean estos llamados represión o presión social para obtener un comportamiento civilizado

Desde el punto de vista de la represión, una persona tiende a respetar las leyes más por el hecho de temer a la posibilidad de ser castigada por el Estado, que por el hecho del Estado efectivamente llevar a cabo acciones represivas. El efecto demostración en pequeña escala ejerce una acción coercitiva sobre el resto de la ciudadanía. La coerción es efectiva en escalas pequeñas: el robo, la corrupción o las infracciones de tránsito son castigadas en la medida en que son minoritarios en comparación con la totalidad de la población. La mayoría de los ciudadanos posiblemente jamás verán la acción represiva del Estado sobre ellos, pero el hecho de verla sobre otros ejerce una acción represiva a nivel interno. Pero si los delitos aconteciesen en gran escala, dificilmente el Estado podría castigar a todas las personas infractoras, revelando su incapacidad para ejercer su efecto represivo sobre las mayorías.

La capacidad del estado Moderno de velar por el orden y el respeto de los contratos, reside más en la capacidad de disuasión que en su real capacidad de lidiar con el respecto o el desorden en gran escala. Su poder existe en la medida en que la cantidad de personas que no respetan el orden establecido sean una minoría. Si la gran mayoría decidiera irrespetar el orden vigente, el Estado sería incapaz de cumplir con su obligación. Por otro lado, éste no tendría más legitimidad, pues el régimen democrático establece la decisión de la mayoría como un mandato del soberano, y si la mayoría decidiera irrespetar el orden y los contratos, el Estado debería acatar tal decisión.

Pero no queremos ir tan lejos y cuestionar la existencia de una sociedad basada en el orden y el respeto de los contratos. Queremos dar énfasis a la idea siguiente: *si la gran mayoría decidiera mantener el orden y respetar los contratos por voluntad propia, por una cuestión de consciencia y no por la coerción de la fuerza pública, entonces el Estado debería aceptar esa realidad y delegar ese rol en la comunidad.*

Con ello estamos afirmando que aquello que determina el comportamiento de los ciudadanos está dentro de ellos mismos, y no a las condiciones externas imperantes, aunque éstas conduzcan al mismo resultado aparente. El Estado forma parte de las condiciones externas, pero tales condiciones son el reflejo del estado interno de las personas. El Estado es la expresión de la voluntad de la mayoría de las personas. Si la mayoría quiere orden y respeto de los contratos, el Estado deberá cumplir este deseo. El Estado existe por y para las personas, y no tiene voluntad propia. Este justifica su existencia en la medida en que las personas no logran extrapolar el deseo de mantener el orden y respetar los contratos por sí mismos, por lo cual se requiere de un ente externo que pueda hacer efectivo este deseo. Pero si la manutención del orden y el respeto de los contratos sucediera espontáneamente entre las personas por una cuestión de consciencia y respeto mutuo, entonces no se necesitaría del Estado para cumplir tal objetivo.

En una Sociedad Orgánica, en donde la consciencia ocupará un lugar preponderante, tanto en la motivación del comportamiento de las personas como del relacionamiento con sus semejantes, la mayoría de las personas (si no la totalidad) desearán la manutención del orden y el respeto de los contratos, y por lo tanto, las instituciones sociales estarán determinadas por tal deseo, sin necesidad de fuerzas coercitivas externas a los ciudadanos.

4.2- Segunda Etapa

En una segunda etapa, el Estado transferirá sus funciones hacia las entidades orgánicas que surjan. Su función tradicional de dirigir e intervenir será progresivamente sustituída por la función de coordinar, deslastrándose de una serie de responsabilidades que podrán ser administradas por las instituciones orgánicas.

De esta manera, el Estado se valerá de una serie de prerrogativas dadas por los ciudadanos que abarcarán las siguientes áreas:

a) <u>Área Ejecutiva:</u> 1) garantizará las condiciones necesarias para el cumplimiento de la función de las demás unidades; 2) intervendrá cuando sea necesario para proceder a la resolución de un problema que impida la interacción espontánea entre dos unidades; y 3) coordinará la instauración progresiva de la estructura orgánica de la sociedad, junto a los diferentes actores que participen en el proceso (instituciones políticas, organizaciones sociales, ONGs, comunidades orgánicas, grupos científicos y religiosos, etc)

b) <u>Área Legislativa:</u> las principales reglas jurídicas serán aquellas indicadas por el nivel de consciencia orgánico. Las reglas de la Sociedad Orgánica garantizarán la armonía de la dinámica social, al crecimiento personal de los individuos y al respeto por el medio ambiente social, cultural y natural. La convivencia pacífica de las personas, el objetivo común expresado en sociedad, el reconocimiento de formar de la misma especie y la responsabilidad por cuidar el planeta, forman parte del reconocimiento de una ley fundamental, la ley suprema: **La Ley del Amor.** El reordenamiento jurídico de la sociedad se basará en el reconocimiento de la Ley del Amor como objetivo orientador de la dinámica social. La Sociedad Orgánica y sus instituciones reconocerán la existencia de la ley fundamental, y las leyes consecuentes provendrán de la observación de ella, mediante el comportamiento consciente de las personas. Ello permitirá a la especie humana reconocerse como un todo indivisible, armonioso por esencia, y respetuoso tanto de la individualidad de las personas como de su entorno. La Sociedad y sus instituciones adecuarán su funcionameinto y estructura al cumplimiento de la ley suprema.

c) <u>Área Política:</u> el Estado se encargará de definir junto con la Sociedad, los medios que regirán la relación entre los ciudadanos y las instituciones sociales, de comunicar libremente sus opiniones y de formar parte activa de la dinámica social. La comunicación intensiva e interactiva entre los diferentes protagonistas de la sociedad será parte fundamental de este proceso.

d) <u>Área Judicial:</u> en una Sociedad Orgánica, dado el comportamiento consciente de las personas, consideramos innecesario un sistema judicial tradicional encargado de velar por el cumplimiento de las leyes y por el castigo de los crímenes cometidos contra ellas. El verdadero castigo provendrá de los mismos ciudadanos, debido a la aceptación de haber actuado contra **la Ley del Amor**, por el remordimiento de haber actuado en contra de sí mismo y de los demás. En el caso de que un ciudadano no esté consciente del error cometido, la misma sociedad, a través de la acción de las personas que estén a su alrededor, le mostrarán las consecuencias de su acción. La sociedad no necesitará de la intervención del Estado para mostrar las faltas cometidas contra ellos mismos. Al cometer una falta contra la sociedad, el individuo percibirá que está actuando en contra de sí mismo y de los demás, y tratará espontáneamente de reparar su error. La acción del Estado consistirá en mostrar a sus ciudadanos las consecuencias de sus acciones, buenas o malas, para alcanzar un nivel de armonía social. Para ello, se establecerá un proceso de rertoalimentación con la ciudadanía para mostrar tales consecuencias.

4.3- Tercera Etapa

En un tercer paso, el Estado no existirá más como institución monolítica, pues estará "integrado" a lo largo y ancho de la estructura orgánica, en cada área de concentración demográfica, coordinando y monitoreando el funcionamiento de la sociedad. El Estado existirá bajo la forma de *Comunidades Orgánicas Estatales*, siendo el Estado cada Comunidad Estatal y todas las Comunidades simultáneamente. *El Estado será todas ellas y cada una de ellas,* manifestando así la propiedad holográfica y autopoiética de la estructura orgánica. Su función será coordinadora y no interventora, pues muchas de las tareas desempeñadas por el Estado Moderno serán desempeñadas por las Comunidades Orgánicas.

El Estado Orgánico será el conjunto de mini-Estados integrados en red, atendiendo las necesidades de coordinación de la Sociedad Orgánica. *El Estado será una estructura orgánica dentro de la estructura orgánica de la Sociedad Orgánica* (ver fig. 4.2).

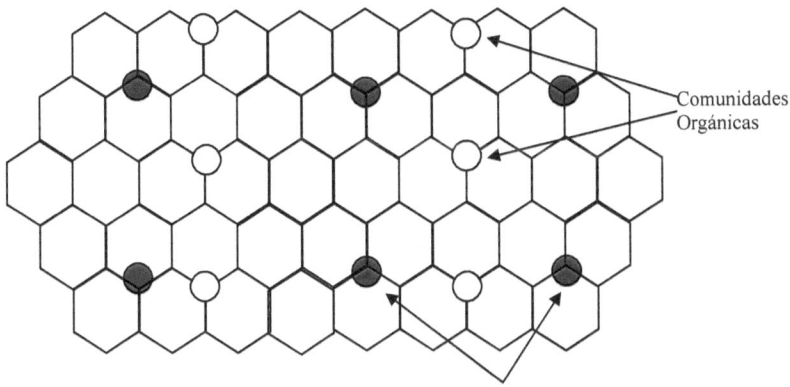

Fig. 4.2: La Sociedad Orgánica y el Estado Orgánico

Cada Comunidad Estatal tendrá como función atender las necesidades de coordinación de cada grupo de Comunidades Orgánicas organizada a su alrededor. Siendo el Estado Orgánico cada Comunidad Estatal y el conjunto de ellas, su representación será como se muestra en la figura 4.3:

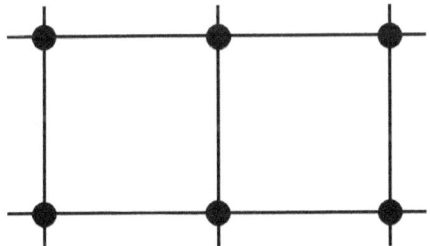

Fig 4.3: El Estado Orgánico

El Estado estará integrado por las Comunidades Estatales esparcidas en la Sociedad Orgánica, inter-relacionadas unas con otras a través de una red que permitirá el flujo adecuado de información, de recursos y de personas. Cada comunidad tendrá las características de la organización atomizada y holográfica: basada en equipos, descentralizada y autónoma, redundante, diferenciada por objetivos y por área geográfica, e integrada por comunicaciones intensivas (Motta. 1991).

Muchas de las tareas efectuadas actualmente por el Estado Moderno, serán ejecutadas sea por las Comunidades Orgánicas o por los mismos ciudadanos. Veamos las más importantes:

- Salud: está podrá ser brindada por cada comunidad, mediante la existencia de un puesto de salud comunitario. Para niveles más sofisticados o de atención más especializada, existirá una Comunidad Orgánica de Cuidado de la Salud por cada determinado número de Comunidades Orgánicas, que cubrirá las necesidades de salud avanzada para ese grupo de comunidades.

- Seguridad del Ciudadano: una Sociedad Orgánica, integrada por ciudadanos conscientes y ocupados del bienestar propio y ajeno, no necesitará de la existencia de un cuerpo policial encargado de la seguridad de los ciudadanos. Las labores de seguridad tenderán a desaparecer, y será sustituída por labores de prevención que cada ciudadano pueda proveer al resto de los ciudadanos.

- Servicios Públicos: éstos no podrán ser definidos como tales, pues: a) la diferencia entre los servicios públicos y privados tenderán a desaparecer, y b) éstos serán atendidos por las mismas Comunidades Orgánicas. Existen los servicios públicos en gran escala, como la luz, el agua, el teléfono y el transporte, que tenderán a ser atendidos por grupos de organizaciones orgánicas destinadas para tal fin.

- Educación: caso análogo a la salud, pues será atendida por cada comunidad hasta un cierto nivel, por ejemplo educación básica y secundaria, y los niveles superiores serán atendidos por una Comunidad Orgánica destinada para tal fin, cumpliendo con las necesidades de cada área geográfica determinada. En el caso de los institutos especializados, ellos existirán en diferentes lugares y los ciudadanos que quieran recibir esa formación, podrán desplazarse hasta ellos, tal como sucede hoy en día con las grandes universidades nacionales e internacionales.

- Defensa: la organización de la Defensa contra la agresión de países extranjeros tenderá a desaparecer en la medida en que el paradigma orgánico se esparza a nivel internacional, aceptando que formamos parte de la misma especie, que habitamos un único planeta y que compartimos un destino común.

- Relaciones Internacionales: en la medida en que se acepte el paradigma orgánico a nivel internacional, las fronteras entre los países tenderán a desaparecer, los países se transformarán en provincias, y el objetivo final será la formación de un Gobierno Mundial, en donde todos los seres humanos estarán representados, sin ningún tipo de distinción o apelo calificativo. La relación entre las diferentes provincias se mantendrá, pero las relacionaes internacionales serán sustituídas por "Relaciones Inter-provinciales", en donde cualquier Comunidad Orgánica podrá tener relaciones con cualquier otra Comunidad Orgánica del planeta, sin necesidad de intermediación por parte de otro ente, papel que hoy en día es desempeñado por los Estados Nacionales opor organismos internacionales.

- Estado Jurídico: el reconocimiento de la **Ley del Amor** pasará a fundamentar la realidad jurídica de la Sociedad Orgánica, definiendo y rigiendo los contratos que estarán en vigor en la sociedad, desapareciendo así la potestad de crear leyes por parte de un órgano definido. El Amor está en cada niño, en cada persona, en cada grupo social, en cada entorno natural, en cada manifestación de la creación. Éste no necesita ser enseñado, ni está en las manos de unos pocos especialistas encargados de su correcta interpretación y/o correcta aplicación. El Amor es universal y puede determinar las normas de comportamiento que necesitamos para regir nuestras vidas. El Amor le da sentido a nuestras vidas, nos alimenta, nos mueve, nos enamora, nos deleita, nos protege, nos enseña, nos indica el camino a seguir, y el sitio donde estar. El ser humano encontrará placer al actuar de acuerdo a la Ley del Amor, que establecerá la entrega mutua, el servicio, la ayuda, el respeto por los demás y por sí mismo. Por lo tanto, ¿qué necesidad tenemos de establecer leyes diferentes a la **Ley del Amor** para establecer un estado jurídico?. El Amor no necesita ser aplicado por ninguna institución social, él existe, es una realidad. Pero necesitamos aceptarlo como parte fundamental de la esencia humana, e implementar los estímulos adecuados para determinar toda manifestación de la actividad humana basada en ella.

El Estado continuará existiendo no como lo conocemos hoy en día, como una institución burocrática rectora de la sociedad, sino como un actor más dentro de la dinámica social integrado a lo largo y ancho de la estructura. Existirá en cada grupo de comunidades, proveyendo los servicios y necesidades que las comunidades necesitan para funcionar adecuadamente.

En el capítulo que viene a continuación, establecemos una serie de consideraciones relacionadas con los procesos de cambio en los sistemas orgánicos, y mostramos como éstos pueden ser aplicados a nivel organizacional y social.

CAPÍTULO 5

El Paradigma Orgánico:
Procesos De Cambio

EN EL PRESENTE ensayo mostramos los cambios que puede haber en el individuo, en las Comunidades, en la Sociedad y en el Estado de acuerdo al paradigma orgánico.

A continuación, revisaremos algunos conceptos relacionados con los procesos de cambio, a fin de adquirir una mejor comprensión del proceso que conducirá al establecimiento de la Sociedad Orgánica.

1.- LO EXTERNO COMO MANIFESTACIÓN DE LO INTERNO

Lo externo es manifestación de lo interno. No podemos observar el mundo externo sin tomar en cuenta lo que pasa en el mundo interno de las personas. El hombre aprecia la realidad de la forma como él puede interpretarla.

El hombre del siglo XIX veía el universo como un gran reloj, un enorme sistema que funcionaba bajo los principios mecanicistas que logró diseñar y construir en aquella época. El siglo XX mostró una realidad diferente, cuando el hombre comenzó a ver la realidad desde un punto de vista relativista, donde los descubrimientos de la física cuántica mostraron un universo atómico mucho más allá de nuestra comprensión *newtoniana*. Fue necesario crear un lenguaje diferente para percibir lo que sucedía en el átomo y entender la realidad que se nos estaba revelando.

El hombre percibe lo que es capaz de comprender, basado en sus conocimientos, intuición y consciencia, y tiene la habilidad de interpretar la realidad que le rodea en base a lo que él ya conoce. Así, el hombre místico verá una realidad mística, el hombre religioso verá una realidad religiosa, el hombre racional verá una realidad racional, y el hombre consciente verá una realidad consciente. *Lo externo es manifestación de lo interno.*

2.- LOS CAMBIOS VIENEN DE ADENTRO HACIA AFUERA

A lo largo de la historia, muchos cambios surgieron cuando diversos sectores de la sociedad entendieron que no era posible continuar con el sistema vigente, y decidieron reformar el sistema o destruírlo para construir uno nuevo. Como en los casos de la Revolución Francesa, la Revolución Bolchevique o el proceso que se inició con la caída del muro de Berlín, este tipo de cambios no surgen como iniciativa del Estado, de *arriba hacia abajo*, precisamente porque ésta es una de las instituciones que se quiere cambiar, ni surgen exclusivamente a partir del pueblo, *de abajo hacia arriba*, pues se necesita mucha mayor conjunción de poderes para introducir cambios en el sistema.

Este tipo de cambios surgen como si en un momento determinado, la sociedad percibiese que no es posible continuar con el orden vigente, que es insostenible en el tiempo, y que es necesario transformarlo radicalmente. Como si la sociedad hubiese caído en cuenta de algo y tomado la determinación de acabar con lo presente, y dar un paso hacia el futuro. Las eventos subsecuentes surgen como si hubiese ocurrido un cambio en la *consciencia de las personas*, como si algo hubiera cambiado en su interior y quisieran manifestarlo abiertamente, generando un cambio de *adentro hacia afuera*. Pero no basta el cambio en la consciencia de una persona, aunque ésta sea muy importante o tenga mucho poder. Es necesario un cambio en la consciencia de muchas personas para inducir cambios perceptibles en el orden imperante.

Por lo tanto, es necesario un cambio en el nivel de consciencia de un número suficiente de personas para transformar el status quo. Es decir, la verdadera transformación del orden vigente *no se da de arriba hacia o de abajo hacia arriba, sino de adentro hacia afuera.*

3- PRINCIPIOS DE CAMBIO Y MASA CRÍTICA

3.1- Principios de Cambio

El Principio Minimalista

Este principio establece que todo cambio debe darse mediante la ejecución pasos mínimos en la dirección deseada, con el objeto de vencer la inercia que se genera a cada paso dado. El *Principio Minimalista* se basa en el reconocimiento de la existencia de fuerzas naturales de oposición a cualquier fuerza de acción que sea ejercida en una dirección diferente a la inercia propia de la realidad. Para alcanzar un objetivo determinado, es necesario proceder de forma gradual en la dirección deseada, avanzando paso a paso y no de forma drástica, para no correr el riesgo de ejercer el efecto contrario por causa de la fuerza de reacción existente a cualquier acción ejercida[14].

El Principio Minimalista está incorporado plenamente en las culturas orientales. Cada idea, cada acción durante la ejecución de un plan determinado, son realizados de forma gradual, para anular la fuerza contraria que surge a cada paso. Las culturas orientales tratan las ideas como plantas que deben crecer y florecer. Así, si una persona tiene una idea, ella no debe gritarla con todas sus fuerzas, sino colocarla en reserva para darle el tiempo de madurar. Ese tiempo de reflexión, o de decantación, permite anular las fuerzas que se oponen al cambio, y avanzar en la dirección deseada.

Acción Radical

Sin embargo, a veces no es posible alcanzar una situación deseable exclusivamente mediante el Principio Minimalista, sea porque los obstáculos son mayores a lo previsto, o porque no se dispone de tiempo suficiente para avanzar gradualmente o, sobretodo, porque mediantes acciones minimalistas se ha preparado el terreno para ejercer una acción más radical. En cualquiera de esos casos será necesario llevar a cabo lo que denominamos como *Acción Radical*, que se define *como la ejecución de una acción drástica, superior al nivel de la acción minimalista, con el objeto de darle un impulso decisivo a los acontecimientos en la dirección deseada.*

Toda Acción Radical tiene efectos secundarios, y tomará un tiempo determinado antes de alcanzar un *estado de equilibrio*, en donde los efectos generados a partir de la acción ejercida habrán cedido y permitido alcanzar un estado donde las fuerzas de oposición hayan sido integradas a la inercia del recorrido natural del movimiento en la dirección deseada.

Es importante tener en cuenta que si la magnitud de la Acción Radical es muy grande, puede generarse lo que denominaremos como el *Efecto Péndulo.*

---

[14]   La Ley de Acción y Reacción de la Física establece que a cualquier fuerza de acción ejercida en una dirección determinada, se le opone una fuerza de reacción de la misma magnitud y dirección, pero en sentido contrario.

El Efecto Péndulo

El Efecto Péndulo establece que si la Acción Radical es muy grande, superior al nivel deseado, *la magnitud de la fuerza de reacción será tan grande que será capaz de ejercer el efecto contrario*, haciendo retroceder la situación a un punto anterior al punto donde se aplicó la Acción Radical. A partir de ahí, la situación se transformará en un vaivén en forma de péndulo, en donde el retroceso llegará hasta un cierto nivel, y el movimiento general se volverá de nuevo favorable a la fuerza de acción inicial, y así sucesivamente hasta llegar a un punto de equilibrio final.

Este punto de equilibrio final puede estar más "adelantado" que el punto de equilibrio inicial. Es decir, en una posición en la dirección deseada, hacia donde fue aplicada la fuerza de acción inicial. Pero esto no necesariamente tiene que ser así, debido al posible surgimiento de fuerzas "escondidas", o no contempladas en el momento inicial. Esto puede hacer con que la situación final represente un retroceso hacia donde se quería avanzar. En todo caso, una vez finalizado el movimiento de péndulo, se llegará a *un estado de equilibrio*, tal como fue señalado en el caso anterior.

En el caso de que el efecto péndulo haya permitido avanzar en la dirección deseada, se habrá podido avanzar después de haber finalizado el movimiento de vaivén característico del efecto péndulo, pasado un período de tiempo determinado, en donde la fuerza de reacción y los efectos colaterales habrán cedido su lugar al estado de equilibrio.

Gráficamente, el efecto péndulo se muestra más claramente en la fig. 5.1:

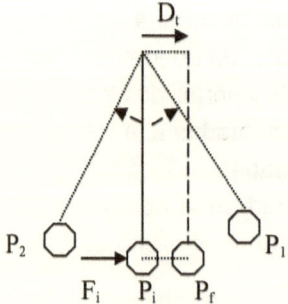

P_i : Situación inicial (Punto inicial)

F_i : Fuerza de Acción Inicial

P_1 : Punto donde se inicia el movimiento de vaivén

P_2 : Punto donde el movimiento vuelve a ser favorable a la fuerza inicial

P_f : Situación final (Punto final)

D_t: Desplazamiento total

Fig. 5.1: El Efecto Péndulo

Los principios arriba señalados son aplicables a cualquier sistema orgánico, sea éste un sistema planetario, biológico, humano, social o sub-atómico.

Masa Crítica

El concepto de *masa crítica se refiere a un número suficiente de individuos capaces de inducir transformaciones en un sistema social dado.*

La implementación de cambios sociales permanentes dirigidos al establecimiento de la Sociedad Orgánica sólo podrá venir a través de un proceso de conscientización, en donde un número de personas equivalente a la *masa crítica* permita inducir transformaciones en esa dirección.

A partir de ahí pueden surgir diversos escenarios del proceso a seguir. Uno de ellos es la implementación de acciones minimalistas a nivel educativo, organizacional, político, jurídico y económico a escala global, que ayude a preparar el terreno para ejecutar una acción drástica en un momento determinado, y establecer así la Sociedad Orgánica basada en la *Ley del Amor*. Otro escenario puede ser la ejecución de un plan radical para establecer la Sociedad Orgánica en un corto período de tiempo, con los efectos colaterales que se puedan presentar, mediante el decreto de la *Ley del Amor* a nivel global, y proceder a realizar ajustes a nivel organizacional, institucional, político, jurídico y económico, a medida que se va lidiando con los acontecimientos.

Cualquiera que sea el proceso a ser implementado, el cambio impactará la forma como las personas ven la realidad, induciendo a un aumento en su nivel de consciencia, e *implementando el cambio de adentro hacia afuera*.

Con respecto al número equivalente a la *masa crítica* de individuos, no existe un número exacto que pueda dar una idea del número de personas que se necesitan para inducir cambios de esta magnitud en la sociedad. Este sólo es reconocible una vez que se presenta, pues se sienten los vientos de cambio, se establece la necesidad de avanzar, y sobretodo, *existe un sentimiento generalizado de que se puede lograr la transformación del orden vigente hacia algo mejor.*

4- PROCESOS DE CAMBIO: PROCESO GRADUAL Y PROCESO VIA CRISIS

4.1- Proceso Gradual

Un proceso gradual que conduzca al establecimiento de una sociedad de tipo orgánico, pasa por una serie de procesos intermediarios para establecer el paradigma orgánico en las instituciones sociales. Uno de esos procesos es el surgimiento de una *masa crítica* de personas que deseen y luchen por alcanzar esas transformaciones. Una vez alcanzada la masa crítica de personas que creen en el paradigma orgánico como alternativa para vivir en una sociedad más armoniosa, se podrá establecer un plan de acción en esa dirección.

De esta manera, comenzarán a ser ejercidas *acciones minimalistas* orientadas a aumentar el nivel de consciencia de las personas sobre la conveniencia de vivir bajo paradigmas orgánicos, mostrando la posibilidad de vivir de forma solidaria y cooperativa, tratando de superar los paradigmas conflictivos en la convivencia social. Se realizarán acciones de tipo "guerrilla pacífica", a través de seminarios, organización de empresas y cooperativas orgánicas, de publicación de artículos en revistas y periódicos, enfatizando la necesidad y la posibilidad de organizar la sociedad de forma más armoniosa. Ciertamente, existen otro tipo de acciones minimalistas que no podemos prever en los actuales momentos, surgidas de la inter-relación de las personas con las mismas aspiraciones, pero ellas existirán y ayudarán a avanzar gradualmente en la dirección deseada

Llegará el momento en donde será necesaria efectuar una *Acción Radical*, en donde las acciones minimalistas habrán abonado el terreno para transformar la "guerrilla pacifista" en un ejército de personas que lucharán para vivir en paz y armonía, deseosas de un realidad social en donde las necesidades de todas las personas serán consideradas dignas de ser atendidas, y el planeta en donde vivimos será ampliamente respetado. Esta acción radical podrá ser la creación de Comunidades Orgánicas, o la creación de una representación política que luche por cubrir las aspiraciones orgánicas, o la creación de una red de personas viviendo bajo los preceptos orgánicos. En todo caso, será una acción destinada a evidenciar la aspiración de un gran sector de la población a vivir bajo los paradigmas orgánicos.

Las personas deseosas de vivir bajo los paradigmas orgánicos deberán cuidar de no ejercer una *Acción Radical* muy grande, para evitar el surgimiento de fuerzas opositoras mayores a lo esperado, que generen *el efecto péndulo* y se corra el riesgo de volver a una situación anterior al punto en donde ejercieron esa acción, que haga con que desaparezcan los logros alcanzados a través de las *acciones minimalistas*. Será necesaria la prudencia y la moderación para ejercer una acción acorde con los efectos deseados.

Una vez ejercidas *acciones minimalistas* y *acciones radicales* puntuales de forma adecuada, consideramos que será una cuestión de tiempo el surgimiento de la Sociedad Orgánica, en donde conceptos relacionados al

Amor, a la armonía, a la cooperación y a la solidaridad serán factores comunes en las organizaciones y los sistemas sociales.

4.2- Proceso vía Crisis

Aún cuando los paradigmas sociales vigentes sean mecanicistas, si la sociedad comienza a ser vista como un sistema orgánico, ésta se transformará inexorablemente en un período de tiempo determinado en la Sociedad Orgánica. Lo único que se mantiene vigente a lo largo de la historia de la humanidad es el cambio permanente de sus paradigmas y estructuras, habiendo pasado por transformaciones continuas, en una sucesión constante de estados de equilibrio y procesos de transición hacia *estados de equilibrio cada vez de complejidad superior*[15].

Por otro lado, si consideramos que uno de las etapas de equilibrio de la sociedad es la Edad Moderna, podemos también considerar que en algún momento sobrevendrá una etapa de transición que permita el surgimiento de una situación de equilibrio de complejidad superior. Así, podemos suponer que de cualquier manera surgirá un proceso de cambio, dentro del proceso natural de evolución de la sociedad.

Ese proceso de cambio puede producirse de dos formas: a) de una forma progresiva y gradual, en donde se permita el flujo de los cambios de una forma natural; o b) mediante un proceso de crisis del orden vigente, en donde el hombre, tratando de evitar el flujo natural de los cambios y apegándose a la realidad actual, induzca el surgimiento posterior de cambios repentinos y drásticos, trayendo consigo fenómenos caóticos producto de la represa formada por cambios naturales no implementados.

La desventaja de elegir el proceso *vía crisis*, sea porque el hombre se revela incapaz de implementar cambios de forma adecuada, o porque no desea implementar tales cambios, es que el proceso de transición puede

---

[15]   En ese sentido podemos señalar lo que dice Prigogine en relación a los procesos naturales de los sistemas termodinámicos, que recuerdan en gran medida los procesos naturales de los sistemas orgánicos: "La termodinámica de los procesos irreversibles descubrió que los flujos que atraviesan los sistemas físico-químicos y los alejan del equilibrio pueden nutrir el fenómeno de auto-organización espontánea, rupturas de simetría, evolución en el sentido de una complejidad y diversidad crecientes" (Prigogine. 1984: 207)

ser más caótico, menos organizado, y con posibilidades de manifestaciones violentas por parte de aquellos que prefieren mantener el orden vigente.

Permitir el proceso de cambio vía crisis, admite la posibilidad del surgimiento de una serie de situaciones indeseables: inseguridad, violencia, crisis de las instituciones, incapacidad para controlar la situación, y miedo ante la incertidumbre. El miedo es la peor de las motivaciones, pues induce ansiedad, lo cual inhibe la toma de decisiones sensatas y coherentes. El miedo a gran escala puede degenerar en un fenómeno de histeria colectiva, trayendo consigo consecuencias desastrosas en el sistema político, económico y social vigente.

También existe la posibilidad de que tal situación genere el fenómeno de auto-organización espontánea (Nicoles e Prigogine. 1977), surgiendo un tipo de organización social diferente, en donde las penurias causadas por una situación de crisis induzca el surgimiento de actitudes solidarias y cooperativas entre las personas, permitiendo la creación de una organización social con característica más orgánicas que el orden que se quiere cambiar.

En todo caso, el riesgo de la degeneración del orden vigente en una situación de caos a gran escala, es motivo suficiente para tratar de implementar un proceso gradual de cambios hacia un tipo de sociedad más armoniosa.

La cuestión no es si el cambio se va a presentar o no, sino cuándo se va a producir. El cambio forma parte de la esencia de la sociedad natural de los seres humanos, y la implementación de cambios para el establecimiento de un orden más cooperativo, forma parte del proceso natural de evolución de la humanidad, y de las aspiraciones de muchas personas deseosas de vivir en un sistema más armonioso, integrado y solidario que el vigente.

Así como "las dos revoluciones científicas del siglo XX (el fin de la universalidad: la relatividad; y el fin del objeto galeano: la mecánica cuántica) deben ser vistas no como un punto de llegada, sino de partida, de apertura a nuevas posibilidades teóricas" (Prigogine. 1984: 165), también consideramos que el fin de la Edad Moderna debe ser vista como un punto de partida hacia nuevas formas de organización social. Mientras mayor sea la capacidad de implementar cambios organizacionales y sociales de forma natural y fluida, mayores serán las posibilidades de navegar por las aguas profundas del flujo natural de la evolución.

CONCLUSIÓN

"Los ideales son como las estrellas,
nunca los alcanzamos, pero indican el camino a seguir"

LA HISTORIA DE la humanidad ha mostrado la necesidad de que el próximo paso de la evolución social esté basado en paradigmas sociales diferentes a los existentes. Un gran paso hacia adelante debe ser dado para que el ser humano sea capaz de construir un futuro mejor para la humanidad. El Amor, la armonía, la cooperación y la solidaridad, deben ser incorporados en el discurso de los cambios globales a ser implementados a nivel organizacional y social. El paradigma racional nos ha mostrado la necesidad de incluir nuevas fuentes de inspiración en el proceso evolutivo de la raza humana. Un nuevo paradigma debe ser establecido para dar rienda suelta a la imaginación, y para creer en un futuro en donde la esperanza y la armonía muestren el camino de posibilidades, cada vez más reales, de transformar la realidad organizacional y social en elementos canalizadores y estimuladores del lado cooperativo y solidario del ser humano.

Tenemos que ir al encuentro de nuevas posibilidades para traer al plano material la perfección del plano espiritual. La necesidad de traer al plano real las más sublimes manifestaciones de la esencia del ser humano, está volviéndose un imperativo para poder soñar con un futuro mejor para la humanidad. El desarrollo humano basado en la consciencia de pertenecer a un orden natural maravillosamente armonioso, está convirtiéndose en la base para una representación diferente de las organizaciones y las instituciones sociales.

La naturaleza nos ha proporcionado de una serie de condiciones que estimulan el desarrollo humano. Ha llegado la hora de que el hombre se transforme en protagonista de una dinámica armoniosa que pueda regir las reglas de las instituciones sociales y organizacionales, así como su relación con el medio ambiente. Está llegando el momento de que el hombre tome la iniciativa de tener una relación simbiótica con el medio ambiente social y natural. No podemos continuar más con la dicotomía entre el hombre y el hombre, o el hombre y la naturaleza. El universo nos muestra la posibilidad de considerar la realidad como un todo armoniosamente integrado y esencialmente solidario. Ha llegado la hora de que el hombre reconozca la necesidad de modelar las relaciones con su propia especie y con el medio ambiente basadas en *La Ley del Amor.*

La Ley del Amor y el surgimiento de la Sociedad Orgánica muestran el camino a seguir de lo que puede ser realizado a nivel organizacional y social a nivel global. Cuando el hombre despierte y escuche su corazón, podrá establecer una dinámica en donde la *separatidad* sea formalmente superada. La estructura orgánica representa una metáfora poderosa para observar al hombre integrado en la sociedad y con la naturaleza, mucho más allá de los paradigmas individualistas y racionales existentes.

Podrán surgir otras propuestas que interpreten de forma adecuada la naturaleza humana de cooperar y organizarse en comunidades. Consideramos bienvenida cualquier propuesta que busque superar la condición actual de *separatidad* del hombre moderno, y apoyamos cualquier iniciativa que trate de explorar la cooperación y la solidaridad del ser humano, como medios necesarios para organizarse socialmente. Por ahora, esta es nuestra propuesta: *La Ley del Amor y el establecimiento de La Sociedad Orgánica,* resultado de una profunda reflexión acerca de las posibilidades que el hombre puede elegir para seguir adelante en el camino de su evolución.

BIBLIOGRAFIA

Adorno, Theodor & Horkheimer, Max. *Dialética do Esclarecimento*. Jorge Zahar Editor. Rio de Janeiro, 1985.

Aristóteles. *A Política*. Atena. São Paulo, 1950.

Bauer, Ruben. *Caos e Complexidade nas Organizações*. RAP 32(5): 69-80. Rio de Janeiro, Set/Out 1998.

_____. *Gestão da Mudança – Caos e Complexidade nas Organizações*. Atlas. Sao Paulo, 1999.

Bénard, Jean. *Economie Publique*. Economica. Paris, 1985.

Bertalanffy, Ludwig Von. *General System Theory*. New York. Braziller, 1969.

Bobbio, Norberto. *Estado, Governo e Sociedade*. Paz e Terra. São Paulo, 1988.

Bohm, David. *A Totalidade e a Ordem Implicada – Uma nova percepção da Realidade*. Cultrix. São Paulo, 1998.

Boulding, Kenneth. *The Organizational Revolution*. Harper Brothers. NY, 1953.

Bresser Pereira, Luiz Carlos. *Estado, Aparelho de Estado e Sociedade Civil*. ENAP/MARE. Brasília, 1995.

Burns, Tom & Stalker, G.M. *The Management of Innovation*. Tavistock. 1961, Chicago.

Capra, Fritjof. *O Ponto de Mutação*. Cultrix. São Paulo, 1982.

Castells, Manuel. *La Era de la Información -Economía, Sociedad y Cultura- Vol. 1 La Sociedad Red*. Alianza. Madrid, 1998.

Castro, Cláudio Moura. *A Prática da Pesquisa*. McGraw Hill. São Paulo, 1977.

Cavalcanti, Bianor. *Diagnóstico e Desenvolvimento Organizacional / Orientações de Análise Organizacional*. FGV. Rio de Janeiro, 1998.

Darin-Drabkin, H. *La Otra Sociedad*. Fondo de Cultura Económica. México, 1962.

Drèze, Jean e Sen, Amartya. *The Political Economy of Hunger- Vol. 1*. Clarendon Press. Oxford, 1990.

Enciclopédia Saraiva do Direito – Vol. 62. Saraiva. São Paulo, 1977.

Etzioni, Amitai. *Studies in Social Change*. Holt, Rinehart & Winston. New York, 1966.

Ferguson, Marilyn. *A Conspiração Aquariana*. Record. Rio de Janeiro, 1985.

Freire, Paulo. *Conscientização: Teoria e Prática da Libertação.* Moraes. São Paulo, 1980.

Friedman, Milton. *Teoria dos Preços.* APEC. Rio de Janeiro, 1971.

Fromm, Erich. *El Miedo a la Libertad.* Abril. Buenos Aires, 1952.

Galbraith, Jay. *Organization Design.* Addison-Wesley. Massachussets, 1977.

Gandhi, Mahatma. *All Men Are Brothers.* Unesco. Paris, 1958.

Gomes Penna, Antônio. *Sobre as Teorias Sociais da Consciência.* Arquivos Brasileiros de Psicologia. FGV. Rio de Janeiro, Jan/Mar 1985.

Hechos en Israel. Centro de Información de Israel. Jerusalem, 1992.

Herzberg, Frederick. *Work and the Nature of Man.* London. Staples Press, 1968.

Hobbes, Thomas. *Leviatan.* Fondo de Cultura Econômica. México, 1940.

Hume, David. *Enquiries concerning the Human Understanding and concerning the Principles of Morals.* Clarendon Press. Oxford, 1972 (Reprinted from the 1777 edition).

Hume, David. *A Treatise of Human Nature.* Oxford University Press. London, 1977.

Kuhn, Thomas. *A Estrutura das Revoluções Cientificas.* Perspectiva. São Paulo, 1996.

Jung, Carl. *El Yo y el Inconsciente.* Miracle. Barcelona, 1955.

_____. *Tipos Psicológicos.* Zahar. Rio de Janeiro, 1967.

Lakatos, Eva Maria. *Sociologia Geral.* Atlas. São Paulo, 1995.

Lamal, Peter. *Análise Comportamental de Sociedades e Práticas Culturais.* Forum Educacional, Vol. 13 – Nro. 4. Set/Nov 1989. FGV. Rio de Janeiro.

Leite, José Eduardo Teixeira. *Nós Quem, Cara Pálida? A razão depois de Taylor* In *Recursos Humanos e Subjetividade.* Vozes. Petrópolis, 1995.

Locke, John. *Segundo Tratado sobre o Governo.* Ibrasa. São Paulo, 1963.

Loiola, Elisabeth e Moura, Suzana. *Análise de Redes: Uma Contribuição aos Estudos Organizacionais* In **Fischer, Tânia.** *Cidades Estratégicas e Organizações Locais.* FGV. Rio de Janeiro, 1996.

Lovelock, James. *As Eras de Gaia: a biografia da nossa Terra viva.* Campus. Rio de Janeiro, 1991.

Lovett Cline, Barbara. *Los Creadores de la Nueva Física.* Fondo de Cultura Económica. México, 1973.

Lukacs, Georg. *Histoire et Conscience de Classe.* Les Editions de Minuit. Paris, 1960.

MacPherson, C.B. *A Teoria Política do Individualismo Possessivo de Hobbes até Locke.* Paz e Terra. São Paulo, 1979.

Marcuse, Hebert. *A Ideologia da Sociedade Industrial: O Homem Unidimensional.* Rio de Janeiro. Zahar, 1973.

Maslow, Abraham. *Motivación y Personalidad.* Sagitario. Barcelona, 1963.

Mayo, Elton. *The Human Problems of an Industrial Civilization.* New York. The Viking, 1960.

Maturana, Humberto e Varela, Francisco. *Autopoiesis and Cognition -The Realization of the Living.* Reidel. Durdrecht-Holland, 1980.

Mayo, Elton. *The Social Problems of Industrial Civilization.* Harvard University. Boston, 1945.

McGregor, Douglas. *The Human side of Enterprise.* New York. Mc Graw-Hill. 1960.

Mill, John Stuart. *Considerações Sobre o Governo Representativo.* UnB. Brasília, 1980 (1861).

_____. *Da Liberdade.* Ibrasa. São Paulo, 1963.

Morgan, Gareth. *Imagens da Organização.* Atlas. São Paulo, 1996.

Motta, Paulo Roberto. *A Ciência e Arte de Ser Dirigente.* Record. Rio de Janeiro, 1991.

_____. *Transformação Organizacional – A teoria e prática de inovar.* Qualitymark. Rio de Janeiro, 1999.

Murray, Edward. *Motivação e Emoção.* Zahar. Rio de Janeiro, 1967.

Nicoles, G. & Prigogine, I. *Self-Organization in Nonequilibrium Systems - from dissipative structures to order through fluctuations.* Wiley-Interscience. New York, 1977.

Offe, Claus. *Modernity & The State.* Polity Press. Cambridge, 1996.

Os Pensadores. *Rousseau-Volume I.* Nova Cultural. São Paulo, 1987.

Otomura, Oscar. *O Resgate do Homem como Elemento Competitivo.* Congresso Sul-Americano de RH. Gramado, 1996.

Pirsig, Robert. *Zen e a Arte da Manutenção de Motocicletas.* Paz e Terra. São Paulo, 1993.

Platon. *La République.* Garnier-Flammarion. Paris, 1966.

Poincaré, Henri. *A Ciência e a Hipótese.* Editora UnB. Brasília, 1984 (Publicado em 1902).

Polanyi, Karl. *Sobre la Fe en el Determinismo Económico* In *Estudios Políticos.* Núm. 15, Cuarta Epoca, Mayo-Agosto, 1997.

Popper, Karl. *La Sociedad Abierta y sus enemigos.* Paidos. Buenos Aires, 1957.

Prigogine, Ilya. *A Nova Aliança.* UnB. Brasília, 1984.

Ramos de Farias, Francisco. *Sobre o Conceito de Estresse.* Arquivos Brasileiros de Psicologia. FGV. Rio de Janeiro, Out/Dez 1985.

Rousseau, Jean-Jacques. *Contrato Social.* Organização Simões. Rio de Janeiro, 1951 (1762).

_____. *Discurso Sobre a Origem e os Fundamentos da Desigualdade entre os Homens.* UnB. Brasília, 1985.

Sfez, Lucien. *Critique de la Communication.* Editions Seuil. Paris, 1990.

Skinner, B. F. *Walden II – Uma Sociedade do Futuro.* Editora Pedagógica e Universitária. São Paulo, 1977.

Smith, William Arthur. *Conscientização: An Operational Definition – Doctor Thesis.* University of Massachussets. 1975.

Sosa Araque, Carlos. *O Caráter Totalitário da Razão na Sociedade Moderna* (Trabalho Final da Disciplina "Teoria das Organizações" no curso de mestrado em Administração Pública). Mimeo. EBAP-FGV. Rio de Janeiro, Outubro 1998.

_____. *Princípios do Estado Orgânico* (Trabalho Final da disciplina "Organização Governamental Brasileira" no curso de mestrado em Administração Pública). Mimeo. EBAP-FGV. Rio de Janeiro, Março 1999.

_____. *Processos de Decisão: o Conflito e a Harmonia -Uma leitura de Mill e Rousseau* (Trabalho Final da disciplina "Estado e Sociedade" no curso de mestrado em Administração Pública). Mimeo. EBAP-FGV. Rio de Janeiro, Agosto 1999.

_____.*O Paradigma Orgânico e seus reflexos na Sociedade, no Estado e nas Organizações – Projeto de Dissertação de Mestrado.* Mimeo. EBAP-FGV. Rio de Janeiro, 1999.

Subirats, Joan. *Análisis de Políticas Públicas y eficacia de la Administración.* MAP. Madrid, 1992.

Taylor, Frederick. *Princípios de Administração Científica.* São Paulo. Atlas, 1948.

Vergara, Sylvia Constant. *Projetos e Relatórios de Pesquisa em Administração.* São Paulo. Atlas, 1998.

Waldrop. M. Mitchell. *Complexity: The emerging science at the edge of Order and Chaos.* Touchstone. New York, 1992

Weil, Pierre. *Organizações e Tecnologias para o Terceiro Milênio: a nova cultura organizacional holística.* Rosa dos Tempos. Rio de Janeiro, 1992.

www.ingramcontent.com/pod-product-compliance
Lightning Source LLC
Chambersburg PA
CBHW020253290526
45784CB00003B/1236